M. LAUER

CONSEILS AUX SOURDS

PAR UN SOURD

MANUEL DE RÉÉDUCATION AUDITIVE
PAR LA PAROLE ET LES SONS MUSICAUX

PRÉFACE

DU

Dr Edmond PERRIER

Membre de l'Institut

PARIS

A. MALOINE ET FILS, ÉDITEURS

27, RUE DE L'ÉCOLE-DE-MÉDECINE, 27

—

1920

CONSEILS AUX SOURDS

PAR UN SOURD

M. LAUER

CONSEILS AUX SOURDS

PAR UN SOURD

MANUEL DE RÉÉDUCATION AUDITIVE
PAR LA PAROLE ET LES SONS MUSICAUX

PRÉFACE

DU

Dʳ Edmond PERRIER

Membre de l'Institut

PARIS

A. MALOINE ET FILS, ÉDITEURS

27, RUE DE L'ÉCOLE-DE-MÉDECINE, 27

1920

PRÉFACE

Je souhaiterais à tous les médecins d'avoir des malades aussi dociles, aussi intelligents, aussi persévérants, et j'ajoute aussi reconnaissants que l'auteur de ce livre.

Mademoiselle Madeleine Lauer a perdu l'ouïe dans son enfance. Au lieu de se désoler ou de se résigner comme aurait fait une malade vulgaire, elle se révolta et se jura à elle-même de guérir. On jugera par la lecture de ses « Conseils aux sourds » de la volonté, de la persévérance, de l'intelligente application qu'elle mit à tenir le serment qu'elle s'était fait à elle-même.

Elle trouva un guide précieux en la personne du Docteur de Parrel qui s'est voué à l'étude théorique et pratique de l'anacousie ou rééducation auditive, devenue grâce à lui une véritable science ayant pour but de rechercher, de préciser et de perfectionner les moyens de rendre leur fonction aux oreilles devenues paresseuses ou même totalement inertes.

Sans doute il y a des cas ou toute tentative dans ce sens serait vaine. On ne remplace pas un nerf acoustique brisé, un labyrinthe entièrement détruit ou atrophié. Mais il est rare, sauf dans les cas de surdi-mutité congénitale, qu'il en soit ainsi.

Lorsque la surdité survient à la suite d'une maladie ou plus ou moins tardivement, on peut alors utiliser ce qui reste de l'audition pour remonter en quelque sorte le courant et rendre au sens de l'ouïe une bonne partie de son acuité. Il ne faut pas se dissimuler que c'est là une tâche ardue, compliquée, longue, nécessitant une collaboration intime du malade et du médecin d'abord, puis une intelligente persévérance et une véritable ingéniosité de la part du premier ; mais le succès est au bout.

Il faut d'abord dresser un lecteur qui sache adapter sa voix et sa façon de lire aux capacités de l'oreille qu'il doit développer jusqu'à une certaine limite, user ensuite d'instruments divers : diapason, accordéons, harmonicas, etc. — mais le piano est de tous celui qui rend les plus grands services. Mademoiselle Madeleine Lauer est allée jusqu'à utiliser les bruits des gares du métro, ceux de la rue, ceux des foules, pour perfectionner son oreille. Elle y a mis une ténacité admirable, mais elle a été largement récompensée.

Son livre est une œuvre de reconnaissance envers le médecin qui l'a soignée, mais c'est surtout une œuvre de charité. Elle a voulu que ceux qui se trouvent dans la situation douloureuse qu'elle a traversée profitent de son expérience acquise au prix d'un travail soutenu, d'une volonté jamais fléchissante, d'une attention toujours en éveil, servie par une intelligence à laquelle n'échappe aucun détail de la méthode à suivre pour obtenir les meilleurs résultats.

C'est pour épargner tout le travail aux malades atteints comme elle l'a été, ou le diminuer dans la mesure du possible, que Mademoiselle Madeleine Lauer a écrit son livre éminemment pratique, mais aussi puissamment intéressant puisqu'on y ressent toute l'émotion d'une lutte couronnée de succès.

Ce livre est une bonne action dont on ne saurait trop féliciter l'auteur qui apparaît à la fois comme un écrivain de talent et un psychologue avisé.

EDMOND PERRIER,
Membre de l'Institut.

INTRODUCTION

Ce livre, fruit d'une expérience personnelle de longue durée et très attentive, est inspiré par le désir de servir les malades de l'ouïe qui demandent quelque soulagement à la rééducation acoustique.

Il aura atteint son but, s'il peut les guider dans les exercices quotidiens que nécessite leur cure, et s'il leur permet de devenir des élèves attentifs et assidus. Puisse-t-il en même temps être considéré comme un hommage très haut de reconnaissance envers celui qui m'a guidé loin du lourd silence sur le chemin ardu de l'audition meilleure !

M. L. Juin 1917.
Juillet 1919.

CONSEILS AUX SOURDS

PREMIÈRE PARTIE

CHAPITRE PREMIER

L'Anacousie.

L'Anacousie (art d'entendre à nouveau) ou « rééducation auditive » est une méthode thérapeutique basée sur la physique et la physiologie et caractérisée par l'emploi du son, instrumental et vocal. La science ne possédait jusqu'ici que des moyens de soulagement limités contre la surdité, et le sourd n'avait guère d'autre ressource que de se résigner, le plus souvent, à une infirmité réputée inguérissable.

Mieux armée désormais, l'*Otologie* réduit cette infirmité et apprend aux sourds à vivre en meilleurs termes avec leur ennemi. Les plus atteints peuvent, grâce à elle, prendre rang parmi les malades chroniques qui tâchent de se traiter conformément à leur état en usant de tout ce qui peut

leur être favorable. A ces fins, la rééducation auditive est une œuvre humanitaire, en même temps
qu'une science fondamentale et délicate qui réclame des connaissances approfondies de la part
des médecins qui l'utilisent, et de sérieux efforts
des malades recourant à leurs soins. Pratiquée en
France depuis une dizaine d'années, elle a été tour
à tour prônée et critiquée. Cela tient sans doute
à sa jeunesse et à ses succès, mais surtout à l'in-
trusion d'une malencontreuse publicité autour
d'un progrès scientifique incontestable. Ce qui
n'est qu'un moyen précieux de thérapeutique fonctionnelle, a été transformé, par certains profiteurs
de l'infirme, en panacée universelle et infaillible.
Un effort rééducateur a ses exigences et ses difficultés avec lesquelles les malades doivent compter.
Les sourds qui recouraient à la thérapeutique
médicamenteuse n'étaient-ils pas dans le même
cas ? L'habitude les avait disposés à subir avec
passivité des malaises et des inconvénients, très
souvent même des déceptions ; ils supportaient
jusqu'au choc douloureux de l'intervention chirur-
gicale !

Les sourds que l'on rééduque doivent se considérer comme ces malades chroniques qui parviennent à limiter leurs maux pour prévenir de
plus grandes souffrances et la mort. Il est vrai
qu'en ce cas la crainte de la mort stimule leur endurance.

La surdité ne compromet pas la vie, et le sourd
suit son chemin tant bien que mal.

On peut croire que, forcé autrefois à la rési-
gnation, il préférera maintenant améliorer son

état, fût-ce au prix d'un peu de laborieuse ténacité !

La rééducation auditive n'entraîne pas de douleur physique, mais dans certains cas elle peut causer de légers malaises. Elle exige de l'emprise sur soi, au point de vue de la résistance morale et nerveuse, et, pour aboutir à un résultat pratique, le concours actif, patient et persévérant du malade.

Celui-ci doit posséder l'intelligence, sinon la connaissance complète de la tâche que remplit le médecin, ainsi que celle qu'il doit remplir lui-même.

Le Malade

L'anacousie tend une arme au sourd : la plupart du temps le sourd la laisse choir par ignorance ou par scepticisme.

Ce n'est pas à dire que les malades de l'ouïe soient dépourvus de volonté et de confiance morale ; ils ne se sont pas donné la peine de comprendre, ils n'en ont pas eu la pensée ; ils ont préféré se servir de l'arme commode, mais dangereuse, du scepticisme aveugle, systématique, que tout être moderne possède à défaut de réelles clartés intellectuelles. Avant même de commencer la cure, l'anacousiste est obligé de transformer en observateur attentif un indifférent ou un raisonneur. La pénétration psychologique de son sujet reste l'objet de son action préparatoire. En marge de l'action physique et physiologique, il y en a une autre morale : le développement de la volonté du malade.

La thérapeutique médicamenteuse permet au malade de rester passif devant l'effort de la nature ; la physiotérapie auditive exige que celui-ci seconde la nature.

La lutte qu'il entreprend pour la rénovation d'un organe lui demande de vraies forces combatives, soutenues par la volonté et l'énergie.

Si l'intéressé ne peut devenir partie active dans la lutte, au moins doit-il chercher à comprendre tout l'effort que le médecin y consacre et en avoir le respect. La tâche est pénible,

Tantôt à l'aide d'instruments reproduisant par synthèse les sons fondamentaux du langage, tantôt à l'aide de la voix nue, transmise ou non, par des tubes acoustiques, l'*anacousiste* soutient un dur labeur que le dévouement seul peut lui permettre de mener à bien. Il lui faut une grande patience et beaucoup d'ingéniosité pour éveiller ou utiliser les restes d'audition. La plupart des cas sont difficiles à traiter, car ils ont été abandonnés par le thérapeute d'hier et l'action curative ne peut se produire qu'en comptant avec l'ancienneté des lésions et avec le temps.

Le praticien n'obtient de résultat notable que si les malades le secondent en lui accordant un concours actif et patient.

Ils ne doivent pas se montrer inconscients et inconstants, faute d'envisager la grandeur et la difficulté de l'effort.

Beaucoup se sont retirés parce qu'ils n'ont pas guéri en huit jours d'une affection datant de trente ans !

C'est là un geste d'une insouciance enfantine !

Le soulagement et tout un trésor d'espérance pourraient devenir l'apanage des sourds, s'ils accordaient un concours plus assidu à l'anacousiste.

Sortir du silence vaut pourtant la peine d'un effort important, fut-il prolongé !

On a coutume de dire qu'il n'y a pas de maladies, seulement des malades : c'est ici plus vrai qu'ailleurs.

Éclairer les malades sera peut-être les réconforter, les convaincre.

Nous les convions à une préparation personnelle qui rendra féconde la collaboration étroite, nécessaire, entre eux et leur rééducateur.

Toute cure en rééducation auditive réclame du sujet une certaine disposition d'esprit : sa volonté de guérir, de se plier à toutes les prescriptions et de les accomplir avec ponctualité et patience, doit n'avoir d'égale que celle de résister aux mécomptes, s'ils en surviennent, et de persévérer quelles que soient les difficulté rencontrées et le temps qu'elles assigneront à l'obtention d'une amélioration réelle. Le sourd est tenu de s'intéresser à sa tâche et d'y faire participer ses facultés mentales. Il doit être attentif et réfléchi, et cependant, ainsi que la cire molle, se prêter à l'œuvre de haute lutte, à la rénovation que l'anacousiste va tenter.

Profane, il ne verra d'abord ni la vie, ni le chef-d'œuvre ; il doit attendre que ses yeux s'ouvrent en même temps que se dégagera son horizon auditif. Pour cela, il lui suffira de réfléchir et la réflexion est facile au sourd, de par son isolement obligé.

Pourquoi ne la disciplinerait-il pas en l'attachant à un contrôle énergique de lui-même comme à une observation juste de sa fonction auditive en travail? La chose nous paraît possible à celui qui le voudrait réellement. Essayer et s'appliquer est toujours méritoire, et c'est déjà un pas vers la victoire. Au praticien de secourir à temps la faiblesse du sujet et d'en faire une force, s'il sait lire entre les lignes du livre parfois naïf, toujours émotionnant, quelquèfois dramatique, que les plus inaptes et les plus maladroits lui présentent inconsciemment.

Le sourd que l'on rééduque est un *élève*, j'allais dire un enfant, qui va apprendre à la fois à parler et à lire. Il va d'abord formuler des SONS, connaître des LETTRES, puis assembler des SYLLABES, des MOTS et des PHRASES : il lira couramment. Il dépend d'abord du maître, du médecin, mais peu à peu, sans cesser d'avoir besoin de celui-ci, il tient bien son sort entre ses mains. Un son, un mot entendus doivent être pour lui le plus sûr des stimulants.

Comme l'enfant qui forme une boule de neige et la roule en tous sens, avec effort mais sans fatigue, et ne s'arrête que quand la boule a atteint une respectable grosseur, le sourd-élève doit amasser sans relâche, avec courage, ses progrès auditifs jusqu'au rajeunissement et à la rénovation de son oreille.

Ce n'est qu'une étincelle : elle peut devenir une flamme permanente.

Dès que des sons et des mots parviennent à son oreille, l'élève doit s'attacher à pratiquer chaque jour, avec zèle, les différents exercices qui lui sont prescrits, tout en procédant à un contrôle mental de ses premiers progrès, afin de les comparer, de les analyser et d'écrire son journal auditif aussi clairement que possible.

L'oreille analysera plus tard à sa place : il ne sera plus qu'un traducteur.

Et ce travail se justifie par ailleurs.

Ne faut-il pas, en effet, que le médecin soit renseigné sur ce qui se passe dans l'oreille du sourd, lorsque celui-ci n'est plus en sa présence ? L'oreille est alors devenue l'élève et il faut que le maître sache ce que sait l'élève pour composer la leçon suivante.

Que le mot de travail n'effraie pas !

Nous parlons aux grands sourds.

Les premières lueurs sont saisissantes, au milieu de leur nuit, parfois complète.

Les premiers sons, les premiers bruits perçus, font événement et c'est tout naturellement que le sourd procède à un contrôle.

Il notera de même avec facilité les premiers progrès de son oreille, les premières manifestations de sa vie auditive ranimée. L'observation écrite doit être au début très simple : elle sera aussi utile au malade qu'au médecin. Rien de mieux que de savoir où l'on va pour bien arriver.

Si le rédacteur sait séparer l'ivraie du bon grain, et ne pas se servir de l'imagination, là où elle n'a que faire ; si un peu d'ordre, à défaut de méthode lui vient en aide, il verra peu à peu un véritable *tableau auditif* se dégager de son journal et réfléchir comme en un miroir les raisons et les degrés de ses espoirs.

Là sera son meilleur stimulant, la source de sa patience, le ressort de sa volonté, seuls secours qu'il possèdera souvent, car il faut compter avec la solitude sur les routes difficiles, et ainsi compter sur soi, avant tout.

Le Lecteur.

Les malades de l'ouïe reçoivent des soins chez l'anacousiste. Celui-ci leur prescrit, en plus, des exercices auditifs à faire à domicile, facilités ou non par l'emploi de tubes appropriés.

Le sourd en retirera les bienfaits qui y sont attachés en s'y soumettant deux fois par jour. Ces exercices lui demanderont une certaine résistance nerveuse, bien atténuée, s'il n'agit pas à l'aventure et s'il se fait aider par un lecteur, auxiliaire précieux et indispensable du médecin anacousiste, car il prolonge son action, la complète et l'étaye.

Il n'y a guère encore de lecteurs « ès-anacousie », mais une méthode scientifique peut guider celui qui voudrait pratiquer la rééducation orale. Il lui suffirait de se bien pénétrer des notions indispensables, telles qu'elles sont établies dans les traités classiques [1]. Nous serions heureux si notre essai pédagogique, basé sur une longue expérience en la matière, pouvait aussi aider les sourds et leur permettre de former un lecteur à leur contact.

[1] En particulier, le *Précis d'anacousie* du Dʳ G. de Parrel, Prix Martin-Damourette, de l'Académie des Sciences, 1918, Paris, Maloine éditeur, 27, rue de l'Ecole de Médecine.

Pour pratiquer la rééducation orale, il est urgent de s'armer de patience et d'atteindre un certain empire sur soi.

Tout lecteur y parviendra si la bonté l'inspire et s'il sait puiser des forces dans la plus noble des joies humaines : secourir la souffrance. Cette ambition ne côtoie ici ni la fantaisie, ni le hasard. L'action du lecteur doit être méthodique, surtout en ce qui concerne la voix.

Il serait nuisible, dans un mouvement de nervosité auquel tout le monde est porté pour répéter un mot, de forcer la voix d'une façon brusque, ce qui causerait à l'oreille de véritables chocs pouvant provoquer des malaises et une agitation préjudiciables.

Une discipline de la voix est indispensable. Il faut savoir l'émettre, la poser, la moduler, comme dans le chant.

Bien chanter, c'est ménager son larynx ; bien parler, de même [1].

Le lecteur ès-anacousie doit ménager son larynx, car il est contraint de tenir sa voix à la hauteur d'un effort constant, s'il veut avoir accès sur une oreille malade. Il peut s'inspirer ensuite des lois de la diction. Elles ne peuvent que l'aider à comprendre celles de la phonétique qu'il va expérimenter. Ainsi préparé à sa tâche, puisse-t-il ne pas aboutir à un enseignement mécanique !

Il doit se rendre compte de ce que l'organe accepte ou refuse et régler constamment son action sur ces renseignements, faits de comparai-

---

1. Voir Bonnier : *La Voix.*

sons indicatrices, régulatrices, par conséquent directrices du travail à exécuter.

Le lecteur se placera à côté du sourd, face à son oreille, en tâchant de dérober à sa vue le mouvement des lèvres.

Nous n'avons pas rejeté, quant à nous, des facilités de lecture sur les lèvres, et nous avons pu reconnaître que le secours de la vision peut être utile à certains sujets.

Que le médecin la proscrive de son intervention, qui est un examen et un sondage, cela se comprend. Mais l'étude est très pénible à un grand sourd, en anacousie ; la lui faciliter, c'est ne pas le rebuter, et, donc, l'aider à poursuivre. La vue joue ou peut jouer un rôle considérable chez les mal-entendants.

Il y a lieu plutôt de leur apprendre à user du mouvement des lèvres, jeux de physionomie, etc. En cela il faut s'en remettre personnellement aux indications du médecin. Cependant la lecture sur les lèvres prend place dans la rééducation auditive qui devient la mise en pratique de moyens convergeant vers le même but : mieux saisir la parole. L'œil et l'ouïe ont d'étroites relations portant sur la mémoire auditive des mots, le langage articulé, le centre visuel des mots. Cela au point de vue de l'entraînement de l'audition ; mais nul sourd, d'ailleurs, n'est assuré de n'avoir point besoin, fût-ce momentanément, de savoir lire sur les lèvres. Il est donc bon par principe qu'un sourd en voie de rééducation appelle à la rescousse le sens de la vue, de même que ses facultés mentales. *Entendre, c'est prendre conscience des impres-*

*sions produites sur le cerveau par tout ébranle-
ment sonore.* Le sourd supplée à l'audition par des impressions psychiques provenant de l'intellect ou des autres sens. Son oreille se libère cependant progressivement de ce concours, à mesure qu'elle fonctionne mieux.

Dans cette marche à l'ingratitude, le sourd trouve toute un série de points de repère provenant plutôt de l'esprit ; il doit les totaliser par la réflexion.

Une véritable « conscience auditive » se forme ainsi, qui n'est pas sans développer les moyens d'analyse, fournis par l'organe, et l'action raisonnée que l'on exerce sur lui pour l'améliorer. Le lecteur ès-anacousie ne doit pas ignorer ces étapes et aider son élève à les parcourir, si cet élève n'arrive pas seul à ce suprême contrôle. L'action est délicate. Elle exige la direction d'un auriste et une préparation spéciale. Le lecteur ne peut s'élever à la pédagogie qu'appuyé sur des connaissances élémentaires physiologiques de l'oreille.

Placé à côté du sourd, le lecteur doit veiller à rester à hauteur de l'oreille de celui-ci et s'attacher à ne pas laisser aller le buste, ni baisser la tête, ce qui étoufferait sa voix et ôterait à sa diction la qualité de chant qui lui est nécessaire. Mais qu'il ne recherche pas ses aises et qu'il laisse au contraire le malade prendre le « fil du son ».

Le lecteur doit tenir compte que la perception ne se produit réellement bien qu'à cinq centimètres de distance, chez un grand sourd.

Par la suite, il ne devra parler qu'à la limite où

justement le patient cesse de bien entendre. Cela
évitera un trop fort éblouïssement labyrinthique
et habituera l'oreille à se tendre et le malade à
écouter. L'effort pour écouter provoque *l'accommodation* de l'oreille. C'est l'un des buts de la
rééducation auditive et de la méthode orale.

Le lecteur y aidera dans une excellente mesure
en pratiquant divers exercices à voix basse et
chuchotée. Trop insister conduirait toutefois à
l'excès de tension et à la fatigue, ce qu'il est préférable d'éviter.

L'exercice oral est aussi *un massage*. On peut
admettre en principe et pour ces fins, la nécessité
de l'assouplissement des tissus le plus souvent en
voie de dégénérescence sclérosante ayant engendré
de l'ankylose de la chaîne des osselets. Or, que
penserait-on d'un masseur qui frictionnerait éper-
dument un membre raidi au lieu d'exercer sur lui
des pressions méthodiques ?

Faire entendre est plutôt *mettre en état d'entendre, conduire à entendre* que forcer à entendre,
c'est-à-dire faire pénétrer tant bien que mal du son
et des mots dans l'oreille.

Il ne faut pas que le lecteur recherche dans son
action un résultat rapide et qu'il veuille que
l'oreille répète infailliblement la leçon.

Il doit s'attendre à partie nulle et ne pas s'en
irriter : il n'aboutirait au demeurant qu'à la réti-
vité s'il était trop brusque. L'oreille n'aime pas la
brusquerie, ni le bâton. Le lecteur ne se dispense
pas de la fermeté en agissant avec mesure : il est
essentiel qu'il éveille et sollicite l'organe, qu'il le
pousse au progrès.

Une intensité moyenne de voix est nécessaire pour arriver à l'excitation sensorielle : ce ne sont pas des éclats démesurés qui l'assureront.

Le maniement de sa voix est donc l'une des conditions du succès du lecteur dans la pratique de la rééducation orale. Savoir poser la voix, la moduler dans différentes hauteurs est indispensable. Rien ne serait plus désagréable, plus déconcertant pour l'oreille du sourd, qu'un mouvement d'accordéon qui est presque toujours, faute de discipline respiratoire, le ton de toute lecture qui ne s'inspire pas pour le moins de quelques notions de l'art de lire.

Le lecteur doit soutenir son effort s'il veut baigner l'organe du malade dans l'atmosphère sonore où cet organe peut se plaire momentanément. Beaucoup de sourds, à cet égard, aimeront mieux agir eux-mêmes, ce qui est préférable quant aux mouvements réglés qu'implique l'exercice oral, mais ils ne pourront pas se dispenser de l'aide d'un tiers ; ils sont impuissants à mesurer leur audition lorsqu'ils agissent eux-mêmes.

Et savoir où l'on va est ici obligatoire.

Il est à désirer d'ailleurs que le malade s'exerce avec deux ou plusieurs voix, si possible. Nous avons, pour notre part, usé de deux voix, grave et aiguë, et nous avons obtenu des résultats intéressants malgré de très grandes difficultés. Un lecteur ou une lectrice est utile ; un ou une peut suffire, si l'on n'a besoin que de seconder le médecin. La voix doit posséder une certaine amplitude et une certaine résistance.

Lorsque le lecteur se sera soumis aux exigences

préparatoires que nous esquissons, il devra bien s'attacher à comprendre ce que chaque leçon, ce que chaque vibration aérienne qu'il va provoquer, comporte pour le malade et exige de lui. C'est ainsi que dans la pratique des exercices indiqués plus haut, il apprendra pas à pas à manier avec méthode l'organe sur lequel il veut agir, et qu'il y aura accès.

Il y arrivera, s'il le tient bien en mains, à la façon d'une balle élastique qu'il jetterait, qui rebondirait, et qu'il ressaisirait avec habileté, afin de lui imprimer un élan régulier. Et il y parviendra avec l'habitude même de l'élève spécial auquel s'adresse son enseignement. L'oreille est un organe impressionnable et sensible qui apprécie et discute, en quelque sorte, et qui donnera au lecteur, par cela même, des enseignements utiles.

La nature permet bien qu'on l'aide, mais ne veut être ni contrariée, ni brusquée.

L'aider, c'est observer, c'est être profondément attentif, compréhensif, prudent et souple devant elle.

« Nous sommes persuadé, écrit le D' de Parrel, que des résultats utiles ne peuvent être obtenus qu'à ce prix, tant il est vrai que nous ne commandons à la nature qu'en nous soumettant à ses lois, et qu'il n'est de bonne thérapeutique rééducatrice que celle qui épouse la forme de l'évolution fonctionnelle et du jeu normal des organes. »

CHAPITRE II

Les Instruments.

La rééducation auditive a été pratiquée jusqu'ici par quelques anacousistes au moyen d'appareils jouant le rôle de la voix et cherchant à reproduire un assez grand nombre de sons laryngés.

L'action de ces instruments, efficace dans de nombreux cas de surdité prononcée, surtout si l'on fait usage en même temps de la parole, se complète utilement par l'emploi de divers instruments de musique : piano, accordéon, harmonica, etc... Ils permettent à l'anacousiste d'utiliser le « son musical » et les influences produites par celui que chacun d'eux émet.

Le piano se place en première ligne dans cette utilisation, il peut être considéré comme un heureux intermédiaire entre l'action instrumentale et vocale pratiquée par le médecin.

Il offre un avantage appréciable grâce au toucher qui permet de varier les sons à l'infini. Les doigts nuancent, dosent mieux peut-être le son que ne saurait le faire la diction; la voix d'autrui ne peut se plier à ce point aux intimes exigences de l'organe malade.

Avec le piano, le sourd possédera un moyen d'émission sonore personnelle, en rapport constant avec son oreille. Les qualités ou les défectuosités du jeu seront de très bons indicateurs du champ auditif.

L'oreille guide les mouvements des doigts; ceux-ci, à leur tour, sont révélateurs, car ils indiquent les capacités de l'organe.

Avant d'en arriver là, il faudra peut-être que le sourd travaille longtemps, se souvienne du conseil du poète et « vingt fois sur le métier remette son ouvrage » ! Mais il sera payé de sa peine !

Nous avons pour notre part usé très utilement du piano dans une phase pénible, pendant laquelle ne subsistaient que de rares vestiges de sensation auditive. Partant de quelques notes médianes et aiguës, nous sommes parvenu à la perception des sons fondamentaux, que nous avons dès lors cherché à utiliser, en jouant quelques morceaux où ces sons nous paraissaient influencer favorablement l'organe.

Travail de fourmi, certes ! mais qui nous permit, au bout d'un certain temps, une extension de notre clavier auditif et ainsi, derechef, un plus grand champ d'activité.

Sous l'influence mixte du piano et des exercices oraux, nous avons atteint la possibilité de déchiffrer des partitions en suivant le thème musical, guidé par l'oreille, aboutissant ainsi à la perception des sons des basses, du médium et de l'aigu dans des proportions variables, mais qui tendent de plus en plus à la stabilité.

Nous avions débuté avec une perception bornée à 2 ou 3 sons aigus qui correspondait à un reste de fonction minime, d'une seule oreille.

Le piano nous était interdit depuis vingt ans.

Nous faisons actuellement de la musique plusieurs heures par jour.

Tout malade qui voudrait en arriver là doit se convaincre que l'effort personnel se place ici à la base de l'acte. Il faut que l'intéressé soit aussi curieux qu'ingénieux, patient et persévérant. A chacun d'amplifier son effort en recourant aux connaissances scientifiques et artistiques qu'il peut posséder ou acquérir.

Le Piano.

L'étude du piano représente un excellent procédé de travail auditif. Nous y avons reconnu pour nous-même l'utilité d'une technique du toucher.

La perfection de l'émission sonore est en rapport direct avec l'influence que le son musical exerce sur l'organe de l'audition.

L'oreille garde essentiellement l'impression de l'émission.

Chaque forme musicale est appelée à remplir un rôle plus ou moins actif sur l'organe, selon que le tact laisse subsister les propriétés du son musical : INTENSITÉ, ACUITÉ, DURÉE. Il y a lieu de faciliter la perception dans tout travail rééducateur de l'oreille, les éléments sonores et particulièrement le son musical contenant en eux-mêmes des moyens d'évaluation de la perception [1].

1. Toutes choses pour lesquelles la *Technique du Piano* de Blanche Selva est à préconiser au sourd-musicien, au sourd-élève. Elle assimile l'étude du piano à l'étude du

Le Son.

Le *son* est composé de telle sorte qu'il s'impose par l'*intensité*, le *timbre*, la *durée* et la *hauteur*, et qu'il porte ainsi en lui l'*ordre* et la *proportion*.

Il a été mesuré et classé par la science selon le temps qu'il met à se produire et le nombre de mouvements oscillatoires qu'il développe dans l'atmosphère : *ondes vibratoires* et *vibrations*. Par *ondes vibratoires* on désigne le mouvement du son dans l'atmosphère. Les *vibrations* comportent le nombre de ces mouvements dans le temps donné que le son met à se produire.

Tout *ébranlement sonore* est appréciable par ses *mouvements oscillatoires* dont le *nombre* représente une *évaluation de cet ébranlement* dans le *temps* et dans l'*espace*.

Les sons musicaux se prêtent à des évaluations précises, complétées par le développement artistique ; elles sont basées sur le nombre de vibrations des sons dans la même unité de temps et formulées en chiffres.

Le son musical représente une synthèse sonore choisie, qui met au service du sourd une catégorie de vibrations particulièrement propres à mouvoir

chant et conduit à émettre les sons, à les enchaîner et à les articuler en proscrivant la raideur classique nuisible à la sûreté du jeu et à la qualité du son. Cette technique permet un rendement *sonore plus fourni, des sonorités plus variées et mieux situées ;* elle laisse subsister *les timbres.* Résultats qui prennent une grande importance dans l'acoustique pianistique au point de vue de la rééducation auditive.

son oreille, au nom même des relations inéluctables de l'externe à l'interne.

Les raisons d'user du son musical sont donc plus que probantes. Il convient que le sourd-élève en soit persuadé, afin qu'il apporte à son labeur l'appui de la certitude et l'esprit méthodique susceptible de fortifier à la fois sa volonté, sa patience et son audition.

Le Son musical.

Le *son musical* a été engenáré par la résonance naturelle de divers corps sonores, dans la même unité de temps. Cette résonance produit par elle-même des *divisions* ou *harmoniques*, sons secondaires, superposés au *son initial.*

Le son musical est caractérisé par *trois qualités* principales : l'*intensité*, la *hauteur* et le *timbre*.

L'*intensité* dépend de l'amplitude des vibrations du corps sonore.

La *hauteur* est le degré de gravité ou d'acuité du son ; elle dépend du nombre de vibrations.

Plus ce nombre est grand, plus le son est aigu.

Le *timbre* est produit par la forme des vibrations et la nature du corps sonore.

Ainsi la note *la* au piano, n'a pas le même timbre que cette même note donnée par le cornet à pistons à égalité de hauteur et d'intensité. Un son simple est étouffé, peu agréable à l'oreille au point de vue de l'effet musical, et les sons simples (diapasons, flûte, longs tuyaux d'orgue) n'ont pas sensiblement de timbre; ils ne se distinguent entre eux que par la hauteur et l'intensité. Leur pauvreté en harmoniques les rend peu utilisables en rééducation auditive.

Les Sons musicaux.

Les *sons musicaux* ont été déterminés par la résonance naturelle de divers corps sonores au moyen du plus grave de tous, le *la* du diapason normal étant pris comme unité de comparaison et de mesure.

Il y a *sept sons principaux* : *do, ré, mi, fa, sol, la, si* ou *sons naturels* que l'on répète pour former *sept séries* semblables dont l'ensemble constitue l'*échelle musicale*, elle-même divisée en *trois parties* ou *registres* : les *basses*, le *médium* et l'*aigu*. Pour distinguer ces séries entre elles, on emploie un petit chiffre placé en indice près de chaque note qu'elles contiennent, d'octave en octave, ainsi :

$$do^1 - do^2 - do^3 - ré^1 - ré^2 - ré^3, etc.$$

Chacune de ces *séries* ou *succession* de huit notes, prend le nom de *gamme*; chaque note d'une gamme forme le *degré*.

Les *degrés* ou *notes* ne sont pas également espacés entre eux ; la distance qui les sépare de l'un à l'autre se nomme le *ton* et le *demi-ton*.

La plus *grande* est le *ton*; la plus *petite*, le *demi-ton*. La distance qui sépare deux sons constitue l'*intervalle*. L'intervalle se mesure au nombre de degrés qu'il contient; de même, les degrés indiquent l'intervalle. Le plus petit intervalle se nomme *coma*.

Les intervalles sont en nombre indéfini, mais on n'en emploie en musique qu'un certain nombre ou *intervalles musicaux*. Le plus simple est l'*unisson* correspondant à l'unité, c'est-à-dire à des sons ayant même hauteur, ce qui n'est guère qu'un renforcement de son.

Puis viennent les *intervalles* de *seconde*, de *tierce*, de *quarte*, de *quinte,* de *sixte*, de *septième* et d'*octave*, ou intervalle de huit notes.

Les intervalles changent dans la *succession* ; il y a plusieurs sortes d'intervalles.

Les sons musicaux, disposés par *succession* ou *position horizontale*, se superposent et prennent ainsi la *position verticale*. Deux sons entendus simultanément forment l'*accord*, et il est d'autant plus consonant que le rapport du nombre des deux sons est d'autant plus simple. Tels sont les accords formés par les intervalles de tierce, de quinte, d'octave qui caractérisent l'*accord parfait*.

Au contraire l'accord est dissonant quand il n'est pas simple.

Par ses intervalles, l'accord parfait nous révèle la prééminence de certains degrés de la gamme sur laquelle les intervalles et l'accord sont pris.

Il est facile de retenir leur rôle d'après la dénomination d'ensemble attribuée aux degrés de la gamme :

Le 1ᵉʳ se nomme tonique.
Le 2ᵉ　　—　　sus-tonique.
Le 3ᵉ　　—　　médiante.
Le 4ᵉ　　—　　sous-dominante.
Le 5ᵉ　　—　　dominante.
Le 6ᵉ　　—　　sus-dominante.
Le 7ᵉ　　—　　note sensible.
Le 8ᵉ　　—　　octave ou tonique.

Le 1ᵉʳ son principal d'une gamme donne la *tonalité*. Le 5ᵉ est le plus important après la tonique ; le 3ᵉ tient le milieu entre la tonique et la dominante ; le 7ᵉ, note sensible, à cause de son mouvement vers la tonique suivante.

Les autres degrés ne sont que les satellites de ceux-là.

A l'aide de ce *système tonal* s'élaborent les *gammes majeures* et *mineures* ou *relatives* ; les *gammes chromatiques*, c'est-à-dire l'*ensemble des sons usités en musique*, au nombre de *vingt et un* que l'*enharmonie* ramène *à douze*.

Tel est l'*ensemble de sonorités* que le sourd-élève aura à cultiver dans son utilisation anacousique du son du piano, en s'inspirant le plus possible de l'Art musical.

Il cherchera à assimiler les *sons musicaux* aux *phonèmes*, c'est-à-dire aux *sons de la voix* (*lettres, syllabes*).

L'Art musical.

L'*Art musical* est basé sur la division esthétique du temps, inséparable de l'expression. Suivant la loi de résonance, les sons s'y ordonnent en valeur dite *prime* et en valeur dite *dérivée* (ou relative).

Ces *valeurs* sont *réelles* ou *supposées*.

Les réelles sont fournies par le nombre de vibrations de sons. Une nécessité de l'esprit humain y ajoute des valeurs supposées, des *intentions*, en vue de l'expression.

La valeur *prime* et la valeur *dérivée* sont appelées *rapports*.

Les *rapports* donnent naissance au *rythme*, à la *mélodie* et à l'*harmonie*.

Le *premier élément divisionnaire*, dans l'art musical, est la *durée*. Elle provient des propriétés du son lui-même : l'intensité et l'acuité produisant la durée.

Dans le rythme, la durée devient indépendante et établit entre les sons des *rapports de temps* qui ne peuvent cependant se désintéresser de l'intensité et de l'acuité.

Basé sur la durée, le rythme concourt à l'expression par l'articulation qu'il établit dans les groupements sonores. La disposition de l'articulation parmi un nombre déterminé de sons engendre les formes rythmiques, c'est-à-dire le *neume* avec le *rythme masculin* et le *rythme féminin*, l'*anacrouse*; puis la *syncope*, le *contre-temps* et l'*appogiature*.

Le neume représente le *mot* musical ; le *rythme masculin*, le *rythme féminin*, l'*anacrouse*, la *syncope*, le *contre-temps* et l'*appogiature* constituent les *syllabes* musicales.

La *mélodie* est un développement rythmique

élargi jusqu'à devenir le moyen d'expression par excellence. Elle s'inspire de l'inégalité des sons en intensité, acuité et durée, considérée à la fois dans chacun d'eux et elle accroît arbitrairement l'une ou l'autre de ces valeurs par l'*accent tonique* et *expressif*. L'accent tonique marque la prépondérance effective et justifiée d'un son qui détermine les suivants en *gravité*, en *acuité*, *moyen également expressif*. La mélodie constitue la *phrase musicale* à l'aide de *syllabes* et de *mots*.

L'*harmonie* se définit : accord entre eux des sons composant 2 mélodies exécutées simultanément. Elle su< > < > ne les rapports des sons entre eux par posit< > *tonalité* tout en obéissant aux lois rythmique. et mélodiques. L'harmonie représente l'ordre dans le discours, dans la puissance verbal

L'*art musical* se réduit donc finalement à des *procédés expressifs* à travers les procédés propres à l'*intensité*, à l'*acuité* et à la *durée*.

. Les *formes musicales* que nous venons de définir, apportent au sourd-élève le développement des propriétés même du son musical, c'est-à-dire des ressources acoustiques préalablement plus suggestives, intelligibles à l'esprit et plus intéressantes pour l'oreille.

Elles contiennent pour le sourd des syllabes, des mots, des phrases de l'art anacousique.

C'est par l'*intensité* qu'un son « EST » avant tout pour le sourd ; tous les moyens qui contribuent à l'augmenter trouvent donc ici leur indication ; ainsi : la *pesanteur du toucher*, l'emploi de *la pédale sonore*, *l'accentuation rythmique*. *Modifier l'intensité d'un son pendant sa durée*, n'est pas modifier ce son. *La distance diminue l'intensité qui s'affaiblit également dans l'air.*

L'intensité est l'âme de la musique, dont l'acuité et la durée sont le corps.

Dans le rythme, l'intensité se rattache à la pression accentuée des doigts ; dans la *mélodie* et l'harmonie, elle est *modulée* par le *phrasé.*

L'acuité indique la hauteur des sons.

Plus un son est élevé, plus ses vibrations sont nombreuses.

Le sourd-élève peut donc établir sur ces indications une évaluation de sa perception auditive et une interprétation de l'etat de la fonction selon que son oreille est plus ou moins accessible à la hauteur, dans *l'acuité.*

La durée se réalise dans la musique par le *rythme* et la *mesure* ; elle est de même importance que l'intensité pour le sourd. Un son peut être révélé à celui-ci par sa *puissance* ou sa *prolongation.*

Le *rythme* est la division plus ou moins symétrique et caractéristique selon laquelle se présentent les durées.

La *syncope* et le *contre-temps* sont les deux principales formes rythmiques.

La *mesure* ou *temps* groupe les durées en parties égales. Les principales mesures sont à 2, 3 et 4 temps.

On accélère ou on ralentit les *durées* par le degré de lenteur ou de vitesse dans lequel on les exécute, ou *mouvement.*

Les durées sont représentées en musique par des *signes conventionnels.*

On peut modifier la durée d'un son sans changer ses qualités.

La musique offre donc au sourd-élève des *ressources acoustiques* variables en *intensité, durée, acuité.* Les *formes musicales* et *artistiques* deviennent pour lui des *éléments sonores* divisés esthétiquement, donc arbitrairement, par le *rythme*, la *mélodie* et l'*harmonie*, et réellement par la *mesure* et le *mouvement.*

Ces divisions sont justifiées par la valeur vibratoire des sons musicaux.

L'observance du *rythme* et de la *mesure*, l'application du *mouvement* occupent une place importante dans la pratique de l'acoustique pianistique en rééducation auditive.

Le rythme seconde précieusement le sourd-élève en donnant à son oreille la sensation produite par ses formes périodiques de mouvement, dans l'écoulement successif des temps qui le distinguent :

1° Egalité de durée des temps successifs qui se rapportent à la même unité de mouvement ;

2° Intensité de la partie initiale du temps rythmes masc., fem., neumes, etc.) ;

3° Proportionnalité constante des parties du temps avec le temps total.

L'*accent* et le *rythme* sont des *influences sonores* qui sollicitent la fonction ; ils développent le son, ils sont, dans l'art, l'obéissance à deux lois de l'acoustique, importantes à observer pour le sourd :

— *Un son est plus fort dans sa partie initiale.*

— *Un son entendu prédispose à entendre un autre son.*

L'accent et le *rythme* distribuent en quelque sorte la *lumière* et l'*ombre* à l'oreille malade.

Or, le but du travail, en anacousie, consiste à faire passer les sons de l'*ombre auditive* au *jour sonore*.

L'accentuation rythmique renforce le son et le relie ainsi à un autre ; le premier joue le rôle de levier. La *syncope* et le *contre-temps* peuvent être considérés comme les plus puissants.

Le rythme va donc plus loin que la mesure : il est fécondateur.

Selon que le rythme se relâche ou s'affermit, le mouvement, plus lent ou plus vif, crée des perceptions plus ou moins parfaites et prend ainsi accès par facilités ou difficultés sur toutes les capacités organiques de l'oreille.

En accentuant le son ou en scandant la parole, on ne précise pas seulement par articulation, on met en circulation des ondes vibratoires, des densités auditives, des effluves qui vont être plus ou moins bien accueillis.

On met ainsi l'oreille en mesure de fonctionner ou non, suivant que l'intensité et la durée variable des sons émis influencent favorablement ou non cet organe malade, peu agile à se mouvoir.

Certains sons gagnent parfois momentanément à se succéder avec rapidité, d'autres, au contraire, sont favorisés, s'ils sont égrénés dans l'espace.

La *hauteur* du son régit les vibrations par fondamentales et harmoniques, mais le *temps* et le *rythme* régissent le *souffle physiologique auditif*.

Il ne faut pas essouffler l'oreille malade ou convalescente.

Veut-on un exemple ?

Dans les triolets, la proportionnalité des parties est altérée. La perception le sera d'autant plus si l'on joue très vite ou très lentement, selon l'état et même le moment où la fonction est sollicitée. Le juste milieu sera donc de prendre des *mouvements lents* ou *modérés*, des *rythmes paisibles*, des *accentuations marquées*, pour aboutir progressivement à des *rythmes entraînants*, à un *effleurement agile* ou *bref*. Une *tonalité agréable* permettra d'utiliser encore mieux cette sorte de *bercement*, de *danse, auditifs*, à la faveur de l'*acuité* et de la *hauteur*.

Il faut arriver *au plein jour sonore*.

La *tonalité* est la *lumière acoustique ;* l'*acuité* et la *hauteur* en sont les *couleurs*. Le *mouvement* fait mieux luire la *lumière* et foncer les *couleurs*.

Il est essentiel de donner un *élan rythmique* au *mouvement*, tout en variant la *forme rythmique* et en adoptant les *mesures modérées*, les *formes simples*. Cependant, puisque la chaîne des osselets de l'oreille moyenne est faite pour se mouvoir à des vitesses relativement rapides, on doit chercher à l'entraîner sans la laisser en route. Les exercices de vitesse sont utiles, non l'acrobatie. Il n'est pas bon à l'oreille de bredouiller, pas plus que de se trouver en mauvaise compagnie. .

L'ouïe a ses caprices, ses dégoûts, ses affections. Elle « choisit », bien plus qu'on ne croit, ses amis et elle ne devient aimable et discrte qu'avec eux.

Tout un ordre quasi-sentimental est à interpréter en ses entours, bien entendu dans le sens où elle doit en bénéficier. Un travers doit être châtié sans pitié.

C'est ainsi que toute forme, toute valeur musicales mettent leur influence à portée de la sensibilité auditive. Au musicien de l'équilibrer, d'en tirer profit. Pour le moment, qu'il soit bien persuadé de l'importance de la *mesure* et du *mouvement* dans ses exercices auditifs. Les observer, c'est servir l'organe, puisqu'il est en mauvais état; provoqué et excité, il se meut ou trop lentement ou trop vite.

Faites monter un escalier à toute vitesse à un asthmatique ou à un convalescent: il arrivera en haut à bout de souffle.

Traitez l'oreille de même : vous l'épuiserez.

Ne visez à l'ascension que quand elle en aura la force. Montez une, deux, trois marches, puis six à sept, enfin vingt à trente. A trente d'emblée, vous risquez la chute.

Mieux vaut s'abstenir.

Tout le champ musical au piano peut offrir matière à l'utilisation que nous venons d'exposer. Mais les parties indiquées forment une base fixe de promenade auditive quotidienne pour entraîner à la marche.

Allez d'abord à petits pas dans un chemin sablé, débarrassé des gros cailloux ; puis essayez d'avancer sur la route communale, mal nivelée où quelques ornières rendent la progression malaisée; enfin, en route départementale entretenue, efforcez-vous d'arriver à la ville en allongeant le pas plus ou moins. Cette succession dans l'effort sera, d'ailleurs, celle des exercices oraux.

Un conseil de modestie.... sincère qui n'exclut pas les justes ambitions ; restez dans la zone où vous ne risquez pas de choir, en essayant tout de même d'en sortir.

Faites vos thèmes, en attendant la composition sous l'œil du maître. Le médecin seul peut vous guider sûrement dans le maquis. Allez pas à pas vers l'endroit qu'il vous indiquera.

Il faut savoir faire le pas, les pas. Nous tâchons de vous y aider. Peu à la fois, mais bien. Le précepte a sa place vis-à-vis du sourd-élève musicien, mais il n'y a pas d'élève qui doive tendre plus à aller de l'avant : souplesse ne dispense pas de fermeté.

La régularité ne nuit pas à la course, au contraire.

Les conseils du médecin, l'intelligence, l'habitude, l'attention aideront le marcheur sur la route.

En résumé, le sourd-élève aura à rechercher des influences auditives à travers les propriétés acoustiques des formes musicales suivantes :

La *note* ou *son simple;*

Les 7 *sons naturels : do, ré, mi, fa, sol, la, si;*

La *gamme diatonique* (succession des 8 tons principaux).

La *gamme chromatique* (tons et demi-tons), *ensemble de* 21 *sons ramenés à* 12 par l'enharmonie et dont la répétition forme l'ensemble du clavier du piano ou *échelle musicale,* composée de 7 *séries* des 8 notes principales, subdivisées en 3 *registres :* *basses, médium, aigu.*

L'*intervalle* qui engendre la *seconde,* la *tierce,* la *quarte,* la *quinte,* la *sixte,* la *septième,* l'*octave,* etc...

L'*accord* : *accord parfait.*

Les *gammes majeures* et *mineures, relatives, tempérées.*

Le *rythme*, qui engendre le *temps léger* et le *temps lourd*, le *rythme binaire* et *ternaire ;* le *rythme masculin* et *féminin ;* le *neume*, également *masculin* et *féminin.*

La *mélodie* avec les *accents tonique* et *expressif*, l'*intonation* et les *cadences.*

L'*harmonie* avec la *tonalité* et l'*expression.*

La *ponctuation musicale* et les *notes d'agrément.*

CHAPITRE III

Guide élémentaire
de travail acoustique au piano.

Le *travail ACOUSTIQUE* au piano comporte l'*utilisation des VALEURS MUSICALES*, au moyen de l'*INTENSITÉ*, de l'*ACUITÉ*, de la *DURÉE* et de l'*ACCENTUATION RYTHMI-QUE*, auxquelles se rattachent le *MOUVEMENT* et la *MESURE*; toute *ÉMISSION SONORE* relève du *TOUCHER*.

L'INTENSITÉ et la *DURÉE* s'obtiennent par le *poids des mains* et la *PRESSION des DOIGTS* sur les touches, l'*emploi de la PÉDALE SONORE*.

L'élève doit d'abord *PESER* sur les touches, puis *accentuer RYTHMIQUEMENT* et enfin *NUANCER*.

Il doit *EXAGÉRER*, mais pas au point de procurer une *SENSATION BLESSANTE* à son oreille.

Le *DOSAGE* est affaire d'habitude. Les doigts prennent l'accord de l'oreille dès les premières notes, et c'est là l'un des grands avantages des études pianistiques, en rééducation auditive.

L'ENSEMBLE DES EXERCICES doit être pratiqué :

1° à l'UNISSON des mains,
2° par OPPOSITION des mains,
3° à MAIN SEULE.

SAUF INDICATION SPÉCIALE, travailler d'abord sur tout le REGISTRE, ensuite dans le MIEUX PERÇU.

L'ÉTUDE par MAIN SEULE de tout son simple ou composé s'impose également UN PEU CHAQUE JOUR pour habituer l'oreille à se tendre et l'élève à écouter et à comparer.

Employer d'abord les *mouvements lents et modérés à 2, 3 et 4 temps. Les mouvements plus vifs* et les *mesures à 5 et 6 temps*, puis *à 7, 8 et 9 temps,* peuvent et doivent être employés, mais seulement lorsque l'oreille peut les subir utilement. On peut l'y entraîner un peu chaque jour sans exagérer, ni trop prolonger.

CHAQUE EXERCICE DOIT DURER DE 3 à 5 minutes.

Il est évident qu'ayant à travailler selon les phases de son éducation, que l'anacousie porte au nombre de 3, le sourd-élève-musicien doit user des exercices adaptés à chacune de ces phases et suivre les fluctuations fréquentes et nombreuses de tout organe auditif en voie de progression fonctionnelle.

EXERCICES

Première Phase

Sauf indications spéciales, ces exercices peuvent être exécutés en utilisant des intensités différentes, du fort au doux, au moyen du *TOUCHER* et de la *PÉDALE SONORE :*

A — Sur tout le clavier marche *ascendante* et *descendante ;* puis dans un *seul registre,* en suivant toujours cet ordre de succession :

MÉDIUM, GRAVE, AIGU, MÉDIUM.

B — Procéder : *a) UNISSON des mains,*
     b) en alternant les mains,
     c) à main seule, TOUR à TOUR.

1º Jouer à plein son une page de musique facile en variant le plus possible.

L'éveil de l'oreille obtenu :

2º *a)* Bien plaquer des accords parfaits dans tous les tons, en donnant un beau son très plein. Exemple :

b) **Même exercice pris sur tonique, médiante, dominante et sensible. Exemple :**

c) **Répéter deux ou trois fois chaque accord, mouvement lent, puis modéré. Exemple :**

3° *a)* Exécuter des octaves dans tous les tons[1]. Exemple :

1. Pour les tons suivre les gammes majeures et mineures.

b) Même exercice, octave à droite, note seule à gauche.

c) Même exercice de gauche à droite.

d) Mêmes exercices en répétant deux ou trois fois chaque groupement.

4° Jouer toutes les notes du clavier, marche ascendante et descendante, mouvement lent et modéré.

5° Entremêler chacun des exercices 3 et 4 de trémolos, de mordants et de trilles, pris sur la main droite. Exemple :

La musique à 4 mains est à préconiser dans la première phase auditive.

Deuxième Phase

1° *a)* Exécuter des tierces, des quartes, des quintes, des sixtes, des septièmes et des octaves dans tous les tons. Exemple :

b) Répéter lentement deux ou trois fois chaque groupe sonore.

c) Procéder par rythme binaire et ternaire. Exemple :

d) Combiner entre eux rythmiquement les éléments sonores précédents [1]. Exemple :

2° Exécuter toutes les sortes de gammes.

3° *a*) Jouer des acccords parfaits, main gauche, suivis d'arpèges dans le ton, main droite ; ramener l'arpège au point de départ.

b) — *idem* — de droite à gauche.

4° Mêmes exercices en suivant la tonique, la

---

1. Le but principal de ces exercices étant de solliciter la fonction et d'exercer le mouvement, ils ne doivent pas être systématiques, mais varier le plus possible.

tierce et la quinte de l'accord, mouvement lent et modéré.

5° Exercices d'écartement d'octaves (suivre la marche indiquée au début de la première phase) ; finalement procéder à distances différentes du grave à l'aigu.

6° Prendre à partie tous les groupes sonores précédents en les exécutant :

    a) à l'UNISSON ou par PROLONGEMENT plus ou moins, au moyen de la PRESSION des DOIGTS ou par RÉPÉTITION d'OC-TAVE en OCTAVE.

b) avec des trémolos.

c) avec trilles.

d) avec mordants.

7° ÉTUDE DES SONS CONFUS. Jouer une phrase musicale en se rendant compte des sons que l'on n'entend pas ou que l'on entend confusément :

a) en les intercalant entre des sons entendus. Par exemple :

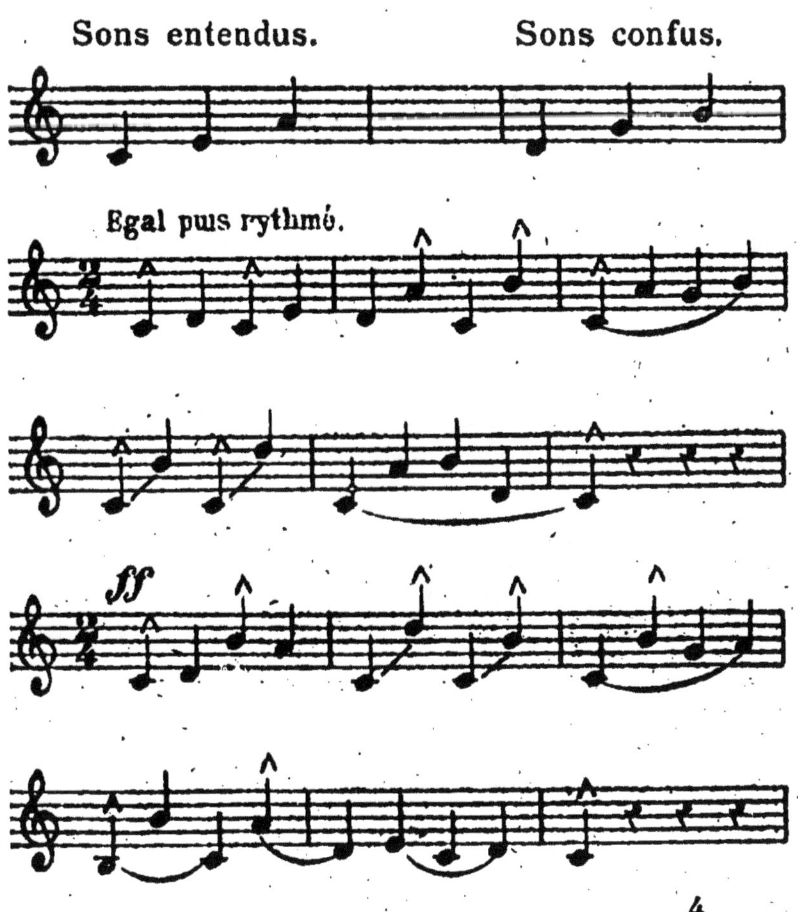

b) en les répétant, par différents mouvements et différentes mesures, différentes
intensités, et en rythmant[1]. Exemples :

1. Tous ces exercices doivent être exécutés d'abord à deux
mains.

Troisième Phase

1° Études de NEUMES [1].

2° Études de PHRASES MÉLODIQUES. Rechercher et faire ressortir la tonique, la médiante, la dominante et la sensible; puis le schème rythmique et tonal.

3° Études de GROUPES HARMONIQUES. Rechercher et faire ressortir les fonctions de tonique, de dominante, de sous-dominante et la quinte.

4° Procéder en séparant les éléments musicaux, les réunir par mesures différentes, puis en rythmant et en variant le mouvement. Ainsi pour la première phrase du « Larghetto » de Beethoven, symphonie en ré majeur :

1. Suivre les 5°, 6°, 7° parties de la *Technique du piano* de Blanche Selva (Rouart-Lerolle édit.).

5° Pratiquer la lecture musicale la plus variée possible en tenant compte de l'art musical et de toutes les notions acoustiques et anacousiques acquises au cours du travail rééducateur, de même que des CAPACITÉS AUDITIVES qu'il a pu faire naître, ainsi que des DÉFECTUOSITÉS et des VIDES qu'il a pu révéler.

L'utilisation pratique du moindre élément sonore doit tendre à ne pas en détruire la valeur musicale, et donc, artistique.

CHAPITRE IV

Utilisation du son musical

Le travail auditif au piano ne peut être pratiqué avec profit par le sourd-élève qu'appuyé sur des notions scientifiques, acoustiques et anacousiques. De même le sourd ne peut apprécier la qualité de sa perception sans connaître les principales valeurs sonores.

Voici un aperçu pratique des unes et des autres.

Notions acoustiques

Il faut 20 vibrations doubles par seconde pour que l'oreille perçoive un véritable son. Au-dessous de 16 vibrations doubles, on ne perçoit plus qu'un ronflement sans caractère musical. Inversement, si les vibrations deviennent trop rapides, l'oreille n'éprouve qu'une sensation presque douloureuse.

Le nombre des vibrations perceptibles ne dépasse jamais 23.000 à la seconde. Ces limites varient d'un individu à un autre.

Pour qu'il y ait son musical, il est nécessaire qu'il y ait vibrations régulières, de durée égale, et en nombre assez grand.

L'oreille ne peut entendre plus de 10 sons séparés par seconde.

Notions anacousiques

L'exécution au piano de tout morceau, de toute phrase, de tout groupe musical, est susceptible d'influencer l'oreille. Mais, pour aboutir à des résultats plus effectifs, le sourd-élève doit suivre de plus près les principes acoustiques au cours d'exercices musicaux conformes aux lois physiologiques de l'audition [1].

Si donc après quelques essais de sonorités libres sur le piano, le sourd-élève s'aperçoit que certains sons ou certaines formes musicales ne sont pas perçus, ou le sont confusément, il devra les prendre à partie et les travailler, soit en allant du « perçu » au « non perçu », ou confus, soit en les accentuant rythmiquement.

On peut envisager que le premier procédé favorise la succession des sons, chaque son préparant le suivant, le deuxième, l'articulation sonore. Ils tendent à produire la perception, l'un par sollicitation progressive, l'autre par sollicitation brusquée.

Le premier aide par l'intermédiaire d'un plan incliné ; le deuxième excite par choc direct. D'où l'indication du sens et du moment de leur emploi.

Dans le travail rééducateur de l'oreille, il est capital d'exercer l'organe malade sans le fatiguer ;

1. La technique relative à l'obtention de la qualité du son par la perfection de l'émission, si développée dans la méthode Selva, peut être pour le sourd un véritable terrain de travail auditif rien qu'en s'y conformant assidûment et de près.

le sourd doit le plier à des mouvements auxquels il est réfractaire, sans l'épuiser,

Partant de là, il est évident qu'un choix s'impose entre les différentes catégories de sons.

C'est ainsi que l'anacousie, ayant présidé à ce choix, confère aux sons *graves*, *moyens* et *aigus* de l'échelle musicale des vertus acoustiques et curatives différentes. Les *sons graves* sont considérés en raison de leur amplitude comme possédant des *vertus apaisantes*, *lénitives* et *mobilisatrices* du *tractus auditif*.

Les *sons moyens* réalisent l'*éducation* sonore par *excellence*, car ils répondent à la *zone du langage parlé*. *L'oreille les préfère à tous autres, car ce sont eux qu'elle a le plus souvent l'occasion d'entendre.*

Les *sons aigus* sont *excitants* et *irritants*. On doit les utiliser avec *modération* et *précaution*.

Pour employer judicieusement ces trois catégories sonores, il suffit de s'inspirer de leurs attributions et vertus respectives.

Les *indications*, la *notion exacte du degré* de la perception, de même que les *éléments de travail actif*, seront fournis à l'élève par les *sons du médium*.

Les *sons moyens* devront être expérimentés et travaillés les premiers ; les *sons graves* viendront ensuite, ils déclanchent l'action sonore la plus large, le massage le plus actif ; ils occupent le deuxième rang de l'étude anacousique.

Les *sons aigus* tiennent le troisième rang.

Ils servent à *l'éveil*, à *l'excitation* et parfois à la *fixation* des sons dans la hauteur.

Leur emploi doit être limité et prudent.

On doit donc débuter par le *MÉDIUM*, puis employer les *BASSES* et l'*AIGU*, pour revenir toujours un peu sur le *MÉDIUM* après avoir pratiqué l'*AIGU*.

Les sons aigus doivent se combiner de façon intermittente et brève, avec les sons graves et moyens.

Valeurs vibratoires.

Les sept sons musicaux du milieu du clavier valent en vibrations doubles à la seconde :

do^3, 256 vibrations doubles.
$ré^3$, 293 vibrations doubles.
mi^3, 326 vibrations doubles.
fa^3, 348 vibrations doubles.
sol^3, 391 vibrations doubles.
la^3, 435 vibrations doubles.
si^3, 489 vibrations doubles.
do^4, 522 vibrations doubles.

Pour avoir le nombre des vibrations par seconde qui correspondraient à ces mêmes notes dans l'octave plus aiguë, on devrait multiplier par deux chacun de ces nombres et les diviser par deux pour l'octave plus grave.

Dans l'échelle des sons perceptibles ou *échelle musicale*, si l'on connaît le nombre de vibrations correspondant à l'une des notes, on peut en déduire le nombre de vibrations de toutes les autres. On a adopté comme point de repère ou diapason normal, le son correspondant à 435 vibrations doubles par seconde que l'on représente par le *LA* du médium de la voix de femme et la gamme ci-dessus dont il fait partie est désignée sous le nom de *gamme normale* ; le *DO* de cette gamme ou do² correspond à 128 vibrations doubles, et le do, ou do grave du violoncelle, à $\dfrac{261}{4} = 65 - 25$ vibrations.

Pour les *INTERVALLES MUSICAUX*, quand deux sons ayant des hauteurs différentes sont entendus successivement, l'impression qu'ils produisent sur l'oreille ne dépend pas du nombre absolu de vibrations, mais de *LEUR RAPPORT*. Ainsi : 2 sons correspondant l'un à 300, l'autre à 200 vibrations, et 2 autres correspondant l'un à 360, l'autre à 240 vibrations, nous donnent une impression analogue. Par suite, on appelle intervalle de deux sons le rapport des nombres de vibrations *EXÉCUTÉES DANS UN MÊME TEMPS* par 2 corps *SONORES*; on prend toujours pour numérateur le nombre correspondant au son le plus aigu ; les intervalles sont donc des *NOMBRES FRACTIONNAIRES*, plus grands que l'unité ; ils seraient dans le cas précédent :

$$\frac{300}{200} \text{ ou } \frac{360}{340} = \frac{3}{2}$$

Pour l'*ACCORD*, 2 sons entendus simultanément le produisent et l'accord est d'autant plus consonant, c'est-à-dire donne une impression d'autant plus agréable que le rapport des nombres de vibrations est plus simple, tels sont les accords formés par les intervalles précédents.

Au contraire, l'accord est dissonant quand l'intervalle n'est pas simple, par exemple, les accords de seconde $\frac{9}{8}$ et de septième $\frac{15}{8}$.

L'accord le plus agréable est produit par 3 sons simultanés dont le deuxième est à une tierce et le troisième une quinte du plus grave et qui correspond par conséquent à des nombres de vibrations proportionnés à 1, $\frac{5}{4}$, $\frac{3}{2}$ ou en classant les dénominateurs à 4, 5, 6.

On l'appelle alors accord parfait majeur.

Comme on le sait, la *GAMME* comprend successivement 2 tons ou demi-tons, et 3 tons et 1 demi-ton.

Le *demi-ton* vaut $\frac{16}{15}$.

Le *ton majeur* et le *ton mineur* diffèrent très peu l'un de l'autre : leur intervalle est $\frac{8}{9} : \frac{10}{9} = \frac{81}{80}$.

On l'appelle un *COMA* : c'est le plus petit intervalle que l'on considère en musique et comme il faut une oreille très exercée pour le distinguer, on confond dans la pratique le ton majeur et le ton mineur.

Les principales limites qui peuvent intéresser le sourd-élève dans sa pratique du son musical au point de vue des valeurs vibratoires, sont situées entre le *do¹* (16 vibr. doubles) et le *do⁷* (4.096 vibr. doubles).

Pour y trouver la limite de son audibilité, il n'aura qu'à utiliser les indications fournies par la série des do :

do-¹ (16 v. d.)   do⁰ (32 v. d.)   do¹ (64 v. d.)
do² (128 v. d.)   do³ (256 v. d.)   do⁴ (510 v. d.)
do⁵ (1024 v. d.)   do⁶ (2048 v. d.).
et le cylindre de Kœnig, do⁷ (4096 v. doubles),
le. la³ (435 v. doubles), médium tonal, et le sol⁶
(3072 v. doubles), summum d'audibilité.

Voilà donc le sourd-élève muni de quelques points de repères pour ses premiers exercices acoustiques au piano :

1° *Sur la partie principale du médium* (avec l'important la³, 435 vibrations doubles), partie où il doit surtout exécuter ses exercices acoustiques.

2° *Sur la notation* des valeurs en vibrations de l'*intervalle*, la *tierce* et la *quinte* intéressant l'oreille.

3° *Sur l'accord* ; *accord parfait* aussi intéressant que la tierce et la quinte.

4° *Sur la tonalité*, avec le *ton majeur* et le *ton mineur*.

5° *Sur les limites extrêmes*, et par *octaves*, des sons du clavier musical.

Les moyens usités en *mnémonique* serviront beaucoup le sourd-élève à se souvenir de la valeur vibratoire des sons musicaux.

Par les indications dont ils sont le raccourci, les *chiffres vibratoires* permettent de régler le travail, d'apprécier et de classer la perception, bien qu'elle soit assez diverse chez les différents sourds selon la maladie affectant leur oreille.

Pour cela, il n'y a qu'à se rendre compte de la valeur vibratoire des sons perçus et de l'état de la fonction que ces perceptions révèlent. Il faut s'inspirer, en outre, dans cette portion de l'action anacousique des notions essentielles scientifiques et artistiques que comporte pareille appréciation [1].

1. C'est là évidemment ce que ni malade, ni lecteur ne peuvent tenter sûrement sans une direction médicale, encore que nous nous efforçons de les instruire pour cela et que les modèles d'exercices que nous leur offrons contiennent des ressources suffisantes pour la plupart des sourds.

CHAPITRE V

L'Accordéon.

L'*accordéon* peut être employé à titre d'excitation, mais à propos, et avec précaution, à cause de ses harmoniques aiguës.

Il nous a heureusement servi dans une phase pénible de notre éducation acoustique. Nous en tenant à notre observation, nous conseillons de ne pas donner toute son étendue à la résonance en commençant par les sons graves et en finissant par les moyens.

Deux exercices quotidiens de trois minutes au plus suffisent. Par la suite, nous n'avons employé l'instrument que très rarement et plutôt pour nous repérer, ce à quoi il peut servir, car il donne assez facilement des indications d'intensité et d'étendue par la puissance de ses vibrations. Il représente un élément d'appréciation assez précieux.

Certains sujets pourraient peut-être tirer de bons effets de quelques autres instruments de musique : harmonium, orgue, violon, violoncelle. Nous les avons mal supportés pour notre part. Ils ne nous paraissent utiles qu'au titre de moyens de mensuration ; ils ne sont pas des moyens de travail en périodes d'étude acoustique.

Un choix s'impose, bien que la marge soit large, en rééducation.

Les malades doivent être ingénieux.

Pascal, enfant, découvrit les lois du son en frappant sur le bord de sa tasse de porcelaine.

Un verre, un objet de fer, de cuivre, d'argent ou d'or, cognés sur du marbre, sur un mur ou une table, etc... peuvent devenir matière d'analyse et même cause d'éveil pour l'oreille.

Pour nous qui perdîmes l'ouïe très jeune, nous avons découvert le son de la trompe d'automobile avec ses deux éléments sonores ; nous ne l'avions jamais connu, les automobiles n'existant pas à l'époque où nous fûmes frappé de surdité.

Notre première série de séances de rééducation instrumentale se poursuivant, nous sommes arrivé à percevoir toute une gamme de sons par choc d'objets cognés. Tel nous donnait une seule impression sonore, tel autre se décomposait au contraire en plusieurs sons.

La corde d'un vasistas relevé chaque matin est devenue notre premier acoumètre ; puis le bruit de chute d'un couvercle de pot de fer émaillé, lâché d'une même hauteur sur du marbre, nous a rendu le même service de mensuration de notre pouvoir auditif.

Nous avons accompli ainsi une première étape acoustique qui nous a aidé à nous orienter dans des champs moins étroits.

Au cours de cette nouvelle éducation plus méthodique, la mémoire intervient beaucoup sans qu'il y ait lieu de le regretter, dût-elle même suppléer une partie de l'oreille ! L'œil joue aussi son rôle, non moins important.

La faiblesse fait appel à tout ce qui peut la soutenir; entre les sens s'organise une sorte de mutualité fonctionnelle, faite d'entr'aide réciproque. C'est le syndicat de garantie créé par la nature elle-même.

La perception auditive sera parfois très rudimentaire chez un grand sourd. La seule audition existante sera confuse, car il y a un monde entre entendre et entendre nettement. Quoiqu'il en soit, du plus petit au plus grand, une perception contient une impression sonore et une interprétation mentale. Chez les sourds, la première n'existe parfois que sous forme de souffle, d'ébranlement, ce n'est pas encore un son ou bien ce n'est qu'un son rudimentaire. Raison de plus pour le relever, en renouveler la perception, essayer de le traduire mentalement, l'utiliser en un mot au mieux de ses intérêts.

Laissons donc agir les forces intellectuelles d'interprétation auditive en toute liberté. Elles s'emparent de parcelles sonores, comparent et se souviennent. Elles doivent se souvenir pour comparer. Il ne s'agit pas ici de l'hallucination de l'ouïe, mais d'efforts, d'association d'idées, d'accommodation, d'opérations mentales, dont le développement peut servir le sourd et qu'il faut encourager, encore qu'elles rendent plus difficile une appréciation limitée à la seule fonction auditive.

Les forces mentales ne sont pas à dédaigner, mais au contraire à développer au maximum au cours des exercices acoustiques. La fenêtre auditive est en partie obstruée; cherchons ailleurs de la clarté. Le cerveau fournira la lumière intérieure par la mise en œuvre de facultés d'interpré-

tation mentale, de mémoire auditive, et d'association
tion des idées.

Toutefois, pour réaliser une perception mentale,
il ne suffit pas que l'attention mette en branle les
images auditives en réserve ou recueille les renseignements fournis par les autres sens, mais
bien qu'une *COMPARAISON* s'établisse entre
ces différents éléments, qu'un *CHOIX* préside à la
perception, par l'attention. Voilà tout un ordre
d'opérations mentales, de logique, etc..., qui
s'étaie sur l'assimilation et l'association des
idées ; elles complètent les images auditives. Peut-
être se fortifient-elles dans les centres nerveux et
faut-il, pour les produire au maximum, une véritable mutilation physique, telle que la surdité
semi-complète, et même faut-il que celle-ci soit
survenue dans le jeune âge ? Sourds qui nous lisez,
laissez donc agir les forces bienfaisantes de votre
cerveau, mais si vous ne voulez pas faire de faux
pas dans votre ascension auditive, habituez-vous
à les contrôler de près, c'est-à-dire à apprécier et
séparer les rôles respectifs des fonctions si différentes auxquelles vous faites appel, qu'elles soient
auditives, visuelles, tactiles ou mentales.

Vous décuplerez le rendement en laissant à
chacune ce qui lui appartient.

Car si l'apport intellectuel soutient la perception,
au début, il vous éclaire vous-même, et en vous
éclairant, vous renvoie à votre oreille, pour que
vous sachiez ce qui s'y passe exactement. Alors,
l'oreille se tend : vous écoutez ; les impressions
auditives se dégagent des images intellectuelles ;
l'équilibre interfonctionnel s'établit insensible-

ment. Vous êtes sur le chemin des auditions meilleures, c'est-à-dire de la liberté.

Qui sait ! vous ferez peut-être du plein air.... sonore !

L'Harmonica.

Nous avons peu à dire sur l'*harmonica*.

En verre, en bois, en métal, il peut être éducatif.

Chaque lame contient des indications diverses par sa longueur, la matière dont elle est faite, l'objet avec lequel on la frappe, etc...

Il est bon de ne pas abuser de cet instrument.

Pour mémoire, signalons l'utilité de s'habituer à l'audition des divers instruments de signalisation, pour éviter les accidents de la rue (trompes d'auto, timbres de tramway, sonnettes, sirènes, etc.).

CHAPITRE VI

Les Bruits.

Les bruits peuvent fournir une véritable série d'excitations sensorielles auditives, utilisables en rééducation.

Un bruit n'est nuisible à l'oreille que s'il est mal ou trop longtemps perçu. Nous avons mal supporté des bruits divers : métropolitain, train, etc..., dans nos débuts en rééducation. Nous les recherchons actuellement comme favorables. Nous entendons mieux globalement dans un milieu où il y a des bruits, comme Paris, par exemple.

Un bruit peut exercer une certaine influence sur l'oreille, s'il est bien perçu et pas trop longtemps de suite.

Nous avons commencé par entendre mieux au milieu du bruit ; à l'heure actuelle, nous entendons moins bien dans les mêmes conditions, mais après contact avec un milieu bruyant, notre pouvoir auditif monte nettement. Autrement dit, le bruit nous sert de préparation et d'entraînement.

Il en est de même pour la conversation, pour le chant, etc., dans des proportions différentes.

L'oreille en traitement traverse des fluctuations inévitables. D'autre part, elle présente des zones d'audibilité, dont les limites sont loin d'être fixes.

Dans chacune d'elles les bruits, la parole, la musique, etc., sont perçus de façon très variable. Selon les moyens fonctionnels, conservés ou récupérés, l'organe est plus ou moins accessible à une catégorie de vibrations. De là des déplacements de l'audibilité qu'il faut savoir apprécier et utiliser.

Le tout est de ne pas aboutir à la fatigue et à la satiété.

Sans caractère musical, les bruits ont une certaine valeur éducative, grâce aux comparaisons qu'ils offrent entre eux et aux exercices d'orientation auditive qu'ils permettent de pratiquer.

Ce n'est pas la parole seule qui sert dans la vie; il faut encore se diriger, se garer, ne serait-ce qu'au dehors.

L'attention des rééduqués de l'ouïe devra donc se porter sur les bruits.

Le « home » en offre déjà toute une variété avec les bruits de pas, de portes, de meubles cognés ou traînés ; de voix, à côté, au-dessus, en-dessous ; les sonneries électriques, etc.

Les rues et les sous-sols parisiens sont pour ainsi dire privilégiés, quant aux bruits.

Une gare du métropolitain peut être fort instructive si l'on veut bien écouter dès l'entrée, chercher d'où partent les premiers roulements perçus ; quelle est l'oreille la plus impressionnée; puis les différences des bruits d'arrivée, de départ, de près et à certaines distances ; les croisements des trains en gare ou sous les tunnels, etc... Il y a encore les sifflets, les appels téléphoniques, etc.

A la sortie, dans les rues, on peut faire des comparaisons avec les bruits à ciel ouvert.

Nous aimerions que l'on en fît en campagne silencieuse, avec divers bruits que l'on provoquerait : cela aurait des avantages et offrirait des enseignements plus certains.

Nous conseillons toutefois de poursuivre cette éducation spéciale aussi naturellement que possible. Il ne s'agit pas d'aller constamment dans des endroits où il y a des bruits, s'hypnotiser, gagner une obsession qui serait très nuisible.

Travailler doit être pour le sourd comme pour l'artiste essentiellement se rapprocher de la nature.

Un mal-entendant qui vise à son instruction auditive, devra vivre tout simplement et faire comme s'il entendait et s'il réfléchissait par hasard à ce qu'il entend. C'est une attention passive, toujours prête, jamais tendue, qu'il doit savoir apporter en ces labours, en traçant les sillons aptes à recevoir la graine lourde des futures moissons.

L'un des secrets de la rééducation auditive consiste d'ailleurs dans l'exploitation intelligente des domaines inconnus de l'audition et dans l'art d'employer tout ce qui peut lui être favorable aux alentours et par conséquent de rechercher les influences sonores. Le milieu éduque la fonction rétablie. Il la régularise, s'il se peut ; tout au moins, il y tend.

Et il est bon de noter ici que l'on *agit avec ce que l'on possède.*

Au surplus il y a forcément, de par la marche même des variations auditives, des mouvements d'adaptation aux influences excitatrices.

Le maniement est délicat, compliqué, lassant,

dès que le malade commence à entendre réellement.

C'est là l'épreuve où il témoigne de sa résistance. Beaucoup ont jeté le manche après la cognée et ces défections ont fait porter des jugements erronés et défavorables sur l'anacousie.

Si les sourds nous ont bien lu, ils auront assez acquis pour s'orienter dans le moment vraiment ardu de leur effort.

Nous n'avons donc pas à leur reparler d'espérance et d'endurance.

Lorsque le médecin a provoqué le réveil de la fonction, il dépend du malade d'éduquer cette fonction, de la placer dans le milieu capable de l'influencer favorablement.

Le malade fera alors autant que le médecin.

Si vous vous enrhumez, vous n'allez pas vous promener nu-tête dehors, quand il pleut ou gèle.

Le sourd, dont l'état dépend de l'hygiène générale, doit être aussi attentif à son hygiène sonore, il doit ménager à sa fonction un milieu propice. Les conférences, le théâtre, les concerts, l'y aideront dans la juste mesure dont il en usera.

Le *milieu familial* pourrait être pour le sourd un centre d'éducation incomparable.

Malheureusement l'indifférence, pour ne pas dire plus, qui l'entoure dans sa famille et en société est notoire. A ce point de vue un sourd est bien plus à plaindre qu'un aveugle, car celui-ci est beaucoup plus près de ses semblables. La cécité fait pleurer, la surdité fait rire. Nous voudrions espérer qu'il suffira à la famille d'entrevoir qu'elle peut être utile à son malade, pour qu'elle s'attache à y parvenir.

Une activité libre serait inconsidérée ; des lumières, du savoir-faire sont nécessaires. Le médecin est le guide : qu'on l'écoute.

Du côté moral, la lisière est plus large ; l'influence de la famille peut en cela être considérable.

Croire, espérer pour le malade qui est le plus impressionnable et le plus facile à déprimer de tous, le réconforter, l'aider pratiquement s'il se peut, est le devoir de l'entourage.

Œuvre de foi et de dévouement qui peut monter jusqu'aux régions de l'infini et atteindre les plus hautes cimes morales.

Nous faisons des vœux pour que les sourds qui nous liront n'aient pas à prendre la force d'accomplir leur tâche qu'en eux-mêmes. Nous nous réjouirions si nous avions pu remplir par ces lignes un peu du devoir d'assistance qui peut parfois être délicatement dévolu à un ami.

DEUXIÈME PARTIE

CHAPITRE PREMIER

Les Exercices oraux.

Les *exercices oraux* sont basés sur l'*influence* que le *son* de la *voix humaine* fait subir à l'oreille et sur la *constitution physique* des *éléments du langage*.

L'anacousie confère une grande valeur éducatrice à ces exercices et pour leur permettre de servir à cet effet, elle a élaboré un *tracé phonétique* et une *méthode d'application*, destinés à provoquer des excitations régénératrices. Cette *méthode orale-vocale* a été, depuis peu, mise à la portée de tous ; on ne saurait s'en éloigner [1].

Moins favorisé, nous avons dû nous tracer notre tâche et remonter la chaîne des vérités auditives et anacousiques, se dégageant peu à peu d'une expérience quotidienne.

Nous nous sommes efforcé d'extraire une pédagogie de nos observations, dans l'espoir d'être utile aux sourds en puissance de rééducation.

[1]. Voir G. de Parrel, *Précis d'anacousie vocale*. Maloine, éditeurs.

La *parole* est limitée dans la durée des sons qu'elle produit.

Les articulations du langage varient en constitution et donc en valeur audible.

La prosodie a tenu compte de ces différences et a cherché à mettre quelque unisson entre les fonctions respiratoires et les fonctions de l'oreille humaine, soit entre l'organe qui émet la parole et celui qui la perçoit.

De là, les syllabes *LONGUES* et *BRÈVES*. Un son, si bref qu'il soit, correspond à une tension musculaire due à une excitation instantanée, mais elle exige 1/6 de seconde pour que le muscle passe à son état maximum de contraction.

Théoriquement, la durée d'une syllabe brève correspond à une seule tension musculaire ; 2 brèves valent le temps.

L'oreille ne peut entendre plus de 10 sons par seconde et plus de 5 syllabes par seconde pour les sons articulés.

D'après cela, et de toute évidence, la répartition de la durée, admise en prosodie, est insuffisante en anacousie, où le temps occupé par l'écoulement des sons de la parole tient une place aussi importante qu'en musique.

La méthode issue de la pratique anacousique prétend justement augmenter l'intensité et la durée des sons du langage, afin de porter à l'oreille du sourd une réalité sonore, susceptible de laisser se produire les influences de chaque son articulé, de chaque groupement dont se constitue le langage.

Le *chant* est moins limité que la *parole*. La

parole devient du chant et acquiert sa valeur, dès que le son émis devient *note musicale*, dès que le rapport entre le nombre de vibrations et le temps est constant et appréciable.

L'effort principal du rééducateur devra donc tendre à donner cette valeur aux éléments du langage. Cela ne lui sera parfaitement permis que s'il possède un certain art d'*émission* et de *modulation* de la voix.

Le lecteur devra s'inspirer de l'aperçu phonétique suivant :

Nul n'ignore l'*alphabet français*, sa composition en *LETTRES*, *VOYELLES* et *CONSONNES*, qui se groupent ensuite en *DIPHTONGUES*, en *SYLLABES* et en *MOTS*.

Les *LETTRES* se répartissent en *LABIALES*, *GUTTURALES* et *LINGUALES*.

Les hauteurs variables des *consonances alphabétiques*, la nécessité de porter le son à l'oreille du sourd conduisent l'anacousiste à établir comme en musique des *registres euphoniques*, basés sur le *timbre* et l'*articulation*.

Plus nuancés que les registres musicaux, ils contiennent avec le grave, le médium et l'aigu des intermédiaires particulièrement rebelles à l'audition.

Voyelles, diphtongues, consonnes, s'y rangent dans l'ordre suivant :

Graves.

Voyelles	ô, o et e muet,
Fausses diphtongues	ou, au, eu, œu,
Consonnes	m, n, gn, l, r.

Moyens.

Voyelle	u,
Diphtongues	oi, oui, oé,
	an, in, un,
	ian, ion, ien.

Aigus.

Voyelles	a, é, è, i,
Consonnes	b, p, d, t,
	f, v,
	h, gu, s, z, ch, j,
Diphtongues	ai, ei, ui.

Voici un tableau formé de mots appartenant à ces trois registres élémentaires :

GRAVES	MOYENS	AIGUS	SURAIGUS
automne	salutaire	arrêté	véridique
heure	susurre	mêlé	gibier
aurore	querelle	repéré	sucrerie
noueux	opportun	mérité	pistachier
pantelant	fortin	exercer	pénétrer
baume	succion	réel	héritier
horreur	paire	dépensier	ironique
mauve	bassin	dais	inhibition
rhum	venin	même	sellier
laboureur	cueillette	éthéré	héroïque
hauteur	musicien	ciré	subtilité
taureau	chapelle	accélérer	silice
sonore	écumoire	été	niaiserie
cœur	armoire	côté	camérier
rancœur	porte-monnaie	iris	mégissier
œuf	bure	milice	infini
loutre	suspension	buis	brièveté

Graves	Moyens	Aigus	Suraigus
outre	lutte	lésé	sérénité
loueur	superflu	effet	iniquité
ours	belette	biais	initié
auteur	rebelle	ibis	liberticide
nervure	affaire	prêté	efféminé
peureux	lutin	écrit	effilé
etc...	etc...	etc...	etc...

De tout ce qui précède, il résulte que les « *MOTS*
suivant leur caractéristique sonore et leur audibilité, doivent être classés par séries, chaque série
répondant à un secteur de la zone du langage articulé ».

Les mots appartenant à chaque série « sont
« appelés mots *ISOZONAUX* et sont composés
« exclusivement de phonèmes de même nature,
« c'est-à-dire de graves ou aigus... »

« Entre les deux prennent place les mots *HÉTÉ-*
« *ROZONAUX* c'est-à-dire inégalement formés
« de sons graves et aigus. » — « Il ne faut pas
« confondre les mots isozonaux avec les mots
« *ISOPHONES* qui ont aussi, au point de vue
« pédagogique, un intérêt très grand pour la diffé-
« renciation des consonnes mal entendues ou con-
« fondues. »

« Les mots *isophones* sont ceux qui ont la même
« consonance et dont un seul élément varie. [1] »

« Il faut intercaler des mots artificiels dans les
séries. »

1. Le texte entre guillemets est emprunté au « Précis
d'Anacousie » du Dr de Parrel (Note de l'auteur).

Exemples :

Mots hétérozonaux.

« oui	ennui	enduit	bain	minute
un an	union	rendu	banc	argent
une oie	dunois	rien	minois	choix
bien	liens	Zoé	minuit	Liancourt
Crusoé	Lyon	sien	désarroi	Louis
Ionienne	Urubu	sion	décès	Indoustan
Lannois	Duruy	quai	Urbain	induit
Durand	doigt	burin	chien	Royan. »

Mots isophones.

« Rassis, Passy, cassis, Massy, tassis, Chassy, lacis, fassis.

Varon, marron, caron, baron, charron, gnarron, flarron, garons, farron.

Antan, latent, chatant, sultan, Wotan, chantant, j'attends, sautant, Mathan, ratan, artan, notant, Titan, battant, datant. »

L'ensenble des sons du langage offre donc à l'expérimentateur un véritable clavier de sons articulés dans lequel *LETTRES, CONSONNES, DIPHTONGUES, SONS SIMPLES* et *COMPOSÉS, SYLLABES* et *MOTS* sont les *TOUCHES* ou *NOTES.*

Ces *éléments du langage* ont des *influences variables* sur chaque sourd en particulier.

Les *voyelles* et les *consonnes* ont toutefois une valeur déterminée, à l'aide de laquelle tout expérimentateur peut faire luire quelques rayons sonores dans la nuit auditive du sourd en les prenant pour guide en vue d'une action appropriée.

Les *voyelles* sont en général mieux perçues, parce que sons laryngés.

Elles ont une hauteur de son à peu près constante et un timbre distinctif.

Les *CONSONNES* sont moins perceptibles que les *VOYELLES* ; leurs vibrations irrégulières les rangent parmi les bruits.

Elles ne sont donc pas appréciables de la même façon. Il faut augmenter leur puissance par tous les moyens appropriés, c'est-à-dire qu'il faut exagérer les mouvements de l'articulation et essayer de transformer le bruit en *son laryngé* que l'on s'efforcera de renforcer dans *la CAVITÉ BUCCALE* pour le laisser ensuite couler librement ou le porter aux lèvres, suivant le cas.

Dans la voix articulée, les consonnes qui s'ajoutent aux voyelles transforment ces dernières en sons complexes sans modifier la hauteur de l'impression dominante.

Malgré tout, la *Valeur ÉDUCATIVE* des éléments du langage n'est bien révélée que par la pratique pour chaque sujet. Tout expérimentateur n'arrivera d'ailleurs à une utilisation rationnelle que sous une direction compétente. Il n'en est pas moins possible d'évaluer la valeur éducatrice des sons articulés dans l'ensemble d'une étude en quelque sorte passive, au moins les premiers temps.

C'est ainsi que nous avons reconnu que, en ce qui nous concerne, la voyelle A est la plus perceptible et la voyelle I la moins perceptible.

Au cours des débuts laborieux, le lecteur peut s'en tenir à une ÉPREUVE attentive de chaque note du clavier phonétique ; il verra ainsi au bout de quelque.temps ce que le sourd n'entend pas ou ce qu'il entend et dans quelles conditions de fréquence ou de régularité.

Il pourra donc *isoler* certains *phonèmes obscurs*. Il devra ensuite les *travailler auditivement*, ce qui veut dire les faire entendre au sourd, sous diverses combinaisons pouvant porter les sons à la connaissance de l'oreille et l'habituer à leur consonance, tout en l'exerçant dans le sens fonctionnel.

Un *programme d'étude phonétique* bien approprié à un malade ne peut s'établir que sur la variété. Un texte très simple de *MOTS* et de *PHRASES* renseignera en tout premier lieu le lecteur sur ce que le sourd entend ou non. Il pourra ensuite entreprendre les différents exercices que comporte la pratique orale.

Ces exercices comprennent l'*utilisation* des *sons articulés simples* et des *groupements de phonèmes*. Ils vont ainsi du *simple* au *composé*. Il y a tout un art à effectuer ces exercices et à parcourir le *CLA-VIER PHONÉTIQUE*. La *MODULATION* de la voix sur différentes intensités, le *PROLON-GEMENT* ou la *BRIÈVETÉ* des *phonèmes* et des *mots*, y occupent le premier rang.

Les exercices par lesquels on y parvient ont pour but :

1° De déclancher une *EXCITATION SENSO-RIELLE* ;

2° D'initier l'oreille à *la CONNAISSANCE des phonèmes et des mots* ;

3° De l'entraîner à se reconnaître dans le dédale de la *juxtaposition* et de l'*écoulement* des *syllabes*.

L'*excitation* s'obtient par l'*INTENSITÉ*, la *PRÉCIPITATION* du débit, le *PROLONGEMENT* ou la *BRIÈVETÉ* du son et le *CHOIX* des éléments phonétiques.

L'*INITIATION* exige l'*INTENSITÉ* et l'*ENTRAINEMENT* par l'*EXCITATION*; elle demande l'*ÉPREUVE* de *CHAQUE PHONÈME*, *seul* ou *accouplé*, surtout par *répétition* et *continuité*. L'*initiation* entraîne l'*HABITUDE*, qu'il faut compter pour une grande part dans l'audition d'un sourd en traitement.

L'*ENTRAINEMENT* s'inspire de toutes ces manières d'influencer l'oreille; il s'obtient par la *RÉPARTITION de la DURÉE* et le *CHOIX* des éléments phonétiques. La *RÉPARTITION de la DURÉE* découle de l'*INTENSITÉ* de la *VOIX* et du *TEMPS* donné à chaque élément pour s'écouler.

Le *choix des éléments* consiste dans l'emploi de la sonorité des *phonèmes* (registres *GRAVE*, *MOYEN*, *AIGU*, et des *séries* qui composent ces registres) et de l'*audibilité personnelle*.

Comme en musique, les *sons moyens* constituent le terrain véritablement instructif et profitable de travail, parce qu'ils répondent aux *nécessités quotidiennes de l'audition*; les *sons aigus* sont *excitants, parfois nocifs*. Les *sons graves* procurent les *grandes oscillations mobilisatrices du tractus auditif*.

Il faut donc préalablement travailler les *pho-nèmes* et les *mots* du *registre moyen* pour passer de là aux *registres graves* et *aigu*, c'est-à-dire des sons oui *ou* non qui se rangent dans les trois registres. L'aigu, seul, sera travaillé peu long-temps.

L'EXCITATION, l'*INITIATION*, l'*ENTRAI-NEMENT* sont soumis à la *MODULATION* de la voix. Tout expérimentateur doit être à ce sujet armé comme nous l'avons prescrit au lecteur.

La *vocalise* prend place dans la *modulation.* Elle porte les *phonèmes* à *différentes hauteurs* au moyen du *chant.*

Le jeu du clavier phonétique est particuliè-rement important dans l'ENTRAINEMENT, où l'intensité et la durée tiennent une grande place. Tandis que dans l'EXCITATION et l'*INITIA-TION* on doit *graduer* le son, il est nécessaire de le *situer* et de *scander* les *éléments phonétiques*, dès qu'il s'agit d'entraîner l'oreille, ce qui d'ailleurs fait aussi partie de l'INITIATION et de l'EXCI-TATION.

Ayant placé la voix par INTONATION et EXPRESSION, on émettra l'élément de façon à obéir aux deux lois acoustiques qui ont donné leur pleine force au rythme musical :

Un son est plus fort dans sa partie initiale.

Un son entendu prédispose à entendre un autre son.

Le travail des éléments du langage dans sa portée intrinsèque se base sur une loi de *COMPÉ-NÉTRATION ÉLASTIQUE*, d'*OPPOSITION ME-SURÉE.* Elle n'atteint son plein effet chez le sourd qu'en l'augmentant par une *ÉNONCIATION RYTHMÉE*.

Tout cela conduit à mettre en vedette l'un des éléments phonétiques, en allant du petit au grand et en dosant l'*INTENSITÉ*, en dispensant le *TEMPS* par le *MOUVEMENT* et la *MESURE*. C'est rejoindre le principe de l'*ACCENTUATION* et de la *RYTHMIQUE MUSICALES*, ce qui se justifie par la *qualité de chant*, par la *hauteur* et le *timbre* que produisent les nuances exagérées et variées données à la parole anacousique.

Dans les débuts, le *temps* ou *mesure* prédomine ; plus tard, l'*ACCENTUATION RYTHMIQUE* est essentielle sans se détacher de la notion de temps. Le lecteur doit s'inspirer pour le *MOUVEMENT* de tout ce qui a été dit à ce sujet pour l'utilisation du *SON MUSICAL*.

Il doit agir sans précipiter le débit, en le ralentissant ou en l'accélérant modérément, en donnant à chaque élément la valeur particulière qui lui est attribuée dans l'étude. La valeur de l'audibilité existant chez le sourd ou acquise par lui durant son traitement prendra place dans l'étude, peu à peu, en fournissant des éléments nouveaux.

Vus sous ce jour, les *exercices oraux* consistent donc à se servir d'abord des éléments du langage, *TELS QU'ILS SONT*, ou en les combinant en *SONS, DYPHTONGUES, SYLLABES* ou *MOTS ARTIFICIELS* ; puis à *CHOISIR CES ÉLÉMENTS, SYLLABES* ou *MOTS* et à les utiliser, *seuls* ou *accouplés*, sous *formes rythmiques*, par *intensités* ou *mouvements divers*. Ils se divisent donc en *trois parties* :

Pour la première, il suffit de procéder à une *ÉPREUVE* de l'audition dans une *lecture variée.*

Pour la deuxième, de faire une *ÉTUDE* des *ÉLÉMENTS tels qu'ils se trouvent,* puis à les isoler en séparant ceux entendus ou non et en se servant des perçus comme *levier* pour porter à l'oreille les non-perçus.

Cette étude embrasse les *articulations* et les *groupements.* Il faut donc décomposer les mots en syllabes et les travailler séparément.

On complète l'étude par l'emploi des *mots isozonaux* sur lesquels s'exerce le travail de la *différenciation,* puis sur les mots *isophones* (mots de même consonance dont une syllabe varie) qui sont précieux dans l'initiation et dans l'entraînement ; puis par des *mots de différentes syllabes* ; enfin, par des *phrases spéciales.* Les *vocalises* prennent place dans cette étude en vue de l'*initiation.*

Dans la troisième partie, on procède à *LA LECTURE accentuée, mesurée et rythmée.*

Il est essentiel de pratiquer chaque exercice à *voix basse et chuchotée,* en ne dépassant pas 2 à 3 minutes.

Le travail auditif du sourd se résout donc à une *épreuve des éléments du langage,* puis à une *étude des phonèmes, seuls ou accouplés,* enfin à une *lecture spéciale.*

Cet exercice consistera à lire en *SCANDANT,* en *ACCENTUANT* et en *ALLONGEANT* la *matière phonétique,* tout en agissant encore par l'*INTONATION,* les *INFLEXIONS* et l'*EXPRESSION* qui jouent un rôle complémentaire important.

Les accents *GRAMMATICAUX* ne doivent pas

être négligés, mais employés *tels quels* ou *avec exagération*, afin *d'augmenter le rendement sonore.* Cette lecture vise en définitive à un meilleur rendement *phonique* et *phonétique* par *ÉCOULE-MENT, ACCENTUATION, INTONATION* et *EXPRESSION.*

On y emploiera donc tout *élément* en variant l'*intensité*, la *durée* et la *hauteur*, à l'aide de la *pose de la voix*, de l'*intonation*, de l'*expression* et des *modifications du débit.*

Si l'on dit : *a — o*, on traînera sur l'*a* plus ou moins, puis on gonflera la voix en montant progressivement jusqu'à *o*.

Les mêmes lettres émises de façon serrée, raccourcie, sur le même ton, font cacophonie : il y a désordre dans l'oreille malade, peu agile.

Si l'on énonce : *POUPÉE, TAMBOUR, POTA-GER*, on émettra : *Poupée* : *POU*, long; *PÉE*, accentué, mais bref.

Tambour : les deux syllabes, pesantes, la première un peu plus.

Potager : PO, simplement posé; TAGER, *tà*, allongé conduisant le son à GER, en le posant nettement.

Pour lire cette phrase :

« La panade de René », on peut commencer ainsi :

« La pa-na-de de Re-né » par syllabe en accentuant la consonne. Puis,

« La $^{1/2}$ pa $^{1/2}$ na $^{1/2}$ de $^{1/2}$ de $^{1/2}$ Re $^{1/2}$ né $^{1/2}$ »

ce qui fait valoir la voyelle.

Ensuite : « La pa na de de Re né ».

Premier essai rythmique avec césure, rythme BINAIRE et TERNAIRE.

Ou : « La pana de de René »

: « La pa nade de Re né »

Enfin au naturel : La panade de René
en observant l'accent tonique et l'appui du son initial.

Dans les phrases plus longues le temps devient plus large, des courbes naissent, les syllabes ne s'y décomposent que si la voyelle, la lettre ou le son présentent une consonance faible ou favorable à l'oreille ; ainsi :

« La foi en Dieu est dans l'humanité comme le soleil dans sa carrière diurne ».

On voit que les points culminants de l'accentuation sont : « est — l'hu — ière, et diur » en tenant compte de la mise en valeur des sons composés : « oi — ieu — so — » et des consonnes : « la, l', mm ».

On peut faire varier les valeurs par des HAUTEURS MARQUÉES DE LA VOIX et l'INTONATION.

On aura alors une ASCENSION : « est, dans l'hu » et deux DÉCROISSANCES : « soleil, dans » et avec « diur » un GONFLEMENT.

En somme, tout se résout à lire *les phrases* en établissant une sorte de *rythme euphonique*, soit en utilisant les *sons conventionnels du langage*, soit en les disposant artificiellement de façon à établir des sons plus faciles à entendre. Car il faut tenir compte que certains de ces éléments d'une sonorité plus ténue ou moins favorable, sont éliminés pour le sourd d'une énonciation courante.

Il s'agit précisément de les mettre en valeur, ce qui ne veut pas dire de les *crier* ou de les *accentuer* outre mesure, mais de les *articuler* en donnant à chaque *membre phonétique* le degré exact d'*intensité* et la *durée* qu'il réclame pour que le plus faible atteigne une valeur audible égale à celle du plus perceptible.

Quant à ceux-ci, ne pas les *exagérer*, les *laisser couler* pour ainsi dire BOUCHE OUVERTE.

Un son gagne en principe à être opposé à un autre ; un mot pris à partie gagne si l'on met en vedette la première syllabe.

Il faut en quelque sorte SITUER et PLACER le son tandis qu'il suffit de LANCER le mot en ACCENTUANT le *son initial*, si c'est une *voyelle*, ou le BRUIT *initial* si c'est une *consonne*. Le *son* ou *le mot* s'opposent bien alors au suivant.

L'art, en la matière, serait même d'arriver à une OPPOSITION NETTE et à une adaptation souple des sons ; mieux encore, à une APPOSI-TION SUIVIE et RYTHMIQUE[1] des sons du

---

1. On doit se garder de rythmer systématiquement et mécaniquement : ce serait faciliter seulement l'audition mentale. Il est nécessaire que le rythme porte sur les pho-nèmes faibles ou non perçus, et qu'il suive, en outre, le sens et la ponctuation dans la lecture.

langage à l'oreille du sourd, en donnant du relief
aux plus faibles.

Bien entendu, par différents moyens.

Une *combinaison phonique* ou *phonétique* prend
appui sur l'autre ; les *moyens de l'émettre* également. L'expérimentateur est en face de vides ou
« îlots » auditifs qu'il doit s'efforcer de combler.

TABLEAU RÉCAPITULATIF

et indicateur des exercices

BUT

EXCITATION   **INITIATION**   **ENTRAINEMENT**

Massage sonore

MOYENS

Porter la voix à la hauteur du chant. Vocalises.	Prolonger ou écourter le son des éléments phonétiques.	Ralentir ou accélérer la vitesse de l'énonciation.
Séparer les membres phonétiques (voyelles, consonnes, diphtongues, mots).	Réunir les membres euphoniques (diphtongues, sons articulés et lettrés. Utiliser l'accentuation).	Rythmer les éléments phonétiques par temps lents et modérés.

DIVISION DES EXERCICES
PAR ZONES

1re zone	2e zone	8e zone
(Musicale)	*(Langage articulé)*	*(Langage parlé)*
Registre grave	Registre moyen	Registre aigu
—	—	—
Audition différentielle. Épreuve de l'audibilité, au moyen d'un texte, de mots et de phrases. Isoler les mots non perçus ou confus. 1res vocalises (voyelles, consonnes, diphtongues, mots, simplement présentés).	Vocalises des voyelles, diphtongues, consonnes, entre sons perçus et non perçus. Étude des mots iso-zonaux et iso-phones. Phrases spéciales.	Lectures variées Modulation. Accentuation. Intonation. Expression. Rythme.

Pour le travail, suivre le même ordre des registres que dans le son musical, c'est-à-dire moyen, grave, aigu, moyen. *Travailler spécialement le moyen.*

CHAPITRE II

Le Tube bi-branche.

Nous servant depuis quelque temps pour nos exercices oraux du tube bi-branche, de Tillot, il nous est permis de parler des services incontestables qu'il peut rendre au sourd-élève, soit que celui-ci arrive à s'en servir lui-même, soit qu'il en arme son lecteur [1].

L'instrument facilite le travail et permet d'attendre de meilleurs résultats avec le minimum d'effort vocal ; il réduit le temps des exercices en permettant d'agir sur les deux oreilles à la fois, ce qui procure au malade le bénéfice de l'excitation binotique. Que l'on ne fasse usage du tube que peu longtemps à la fois et avec précaution.

L'ÉMISSION n'y est plus celle de la voix nue ; elle doit perdre de l'énergie sans abdiquer l'autorité, l'ampleur et l'articulation nette.

Le but cesse d'être aussi lointain ; le son n'est plus émis à quelque distance de l'oreille, fut-ce à une faible distance : il est capté, renforcé et conduit directement au tympan même.

On doit donc en tenir compte.

---

1. Pour se servir du tube bi-branche, le sourd n'a qu'à l'assujettir au dossier d'une chaise devant laquelle il s'asseoit ; l'embout se trouve ainsi facilement à portée de sa bouche, tandis qu'il peut tenir les branches sur ses oreilles.

L'habitude permet de doser l'énergie vocale et de la plier aux exigences multiples de l'organe qu'il faut éveiller et solliciter, mais non blesser.

L'ONDE VOCALE doit sourdre abondante, très souple et coulante, tout en concentrant les rayons sonores vers le tube pour qu'ils soient bien captés par l'embouchure et qu'ils se répandent ainsi dans les branches au lieu de se perdre dans l'espace.

L'art de parler dans le tube est celui de l'*ACCENTUATION rythmée*, mise en pratique dans les exercices oraux.

Nous trouvons cependant essentiel de rapprocher peu à peu cette étude du ton naturel employé dans la conversation : par contre, le travail des phonèmes exige beaucoup plus d'intensité et de hauteur de voix : il faut que celle-ci tende plutôt vers l'*expression chantée* ou la *vocalise.*

Le travail au tube comprend d'ordinaire les éléments phonétiques confus ou non perçus d'une lecture à voix nue, et l'instrument employé ainsi est fort utile [1].

Il est bon de ne pas s'en servir plus de trois minutes à la fois.

Nous prolongeons pour nous l'étude des phrases et nous y consacrons huit à dix minutes, en nous reposant une à deux minutes en deux ou trois fois, hors du temps total de l'étude.

Nous nous en trouvons bien.

---

1. Il peut aussi rendre service entre les séries de traitement pour le maintien du résultat acquis. Il est bon de s'en rapporter au médecin en tout ce qui concerne l'emploi du tube.

Il est possible d'obtenir avec le tube un véritable massage de l'oreille, surtout si l'on agit soi-même, car l'on conduit mieux les pressions bienfaisantes et les effets de voix.

Le tube réserve au sourd-élève des moyens à la fois puissants et très fins, pour impressionner l'organe, le ramener à la sensibilité, à la vie, le rééduquer pour le milieu sonore que représente la parole, moins intense que les bruits, et cela n'est point à l'encontre du but que se propose malade ou lecteur.

TROISIÈME PARTIE

EXERCICES ORAUX

I

EXERCICES PRÉLIMINAIRES

Les exercices oraux doivent être pratiqués deux fois par jour pendant vingt minutes. Chaque exercice durera de trois à cinq minutes. On procédera dans l'ordre ci-dessous indiqué, en éliminant la première partie dès qu'il y a lieu.

Nous donnons un texte pour parvenir aux premières impressions auditives.

Le sourd-élève ou le lecteur pourrait composer des leçons semblables en cherchant d'abord à grouper des mots très simples pour aboutir ensuite à des mots plus compliqués, comme ci-après.

En tout ceci aller du *simple* au *composé*. Si c'est pour un enfant on pourra employer toute la série des mots de notre langage visant les défauts, les qualités ou ceux se rapportant aux jeux, aux jouets, aux friandises.

Il faut intéresser le malade et le mettre en mesure d'entendre dans son milieu. L'intéresser est capital, sans quoi les exercices deviendraient fastidieux et ceci entraînerait la passivité mentale, donc auditive ; ce qui irait à l'encontre du but recherché.

Se rendre compte à quelle distance le sourd-élève entend les divers éléments phonétiques et en prendre note.

Pour les premières épreuves de l'audition se servir de *la lecture alphabétique*, puis des *petites phrases* et enfin des *lectures fragmentaires* qui pourront servir aussi dans la suite pour le travail, avec la page *différenciation, entraînement* et *la lecture d'ensemble*.

ÉPREUVE DE L'AUDITION

Dans ces premiers exercices bien articuler, prononcer avec décision, en donnant la voix pleine sans crier ; autant que possible accentuer la voyelle ou la consonne initiale.

Pour les voyelles, laisser venir le son du larynx, bouche ouverte ; pour les consonnes, exagérer, renforcer la voix dans la cavité buccale, la porter aux lèvres.

1. Voyelles.

a, eu, i, o, u, ou (Intervertir).

a : âme, mare, amande, arête, alun, aratoire, animé, arabe, attaque, Atala, Athalie.

eu : œuvre, Eure, relire, mesure, bœufs, lune, neuf, marine, le, te, beurre.

i : initial, iniquité, ivoire, livrer, île, illimité.

o : olivier, Oléron, opiniâtre, odorant, otage, hôte, ornemental, obole.

u : utile, ubiquité, ustensile, usage, urne, uni, humi-
lité, union.
ou : ouvrir, autre, oubli, ourlet, ouvrage, outil.

2. Consonnes.

b, c, d, f, g, h, j, k, l, m, n, p, q, r, s, t, v, x, z.
(Pour éprouver les consonnes, on procédera par
élimination, en les étudiant d'abord toutes, ce qui
demande un certain temps).

3. Voyelles et Consonnes systématiquement accouplées.

Faire valoir la consonne.

A : ab, ac, ad, af, ag, ah, aj, ak, al, am, an, ap, aq,
ar, as, at, av, ax, az.
ba, ca, da, fa, ga, ha, ja, ka, la, ma, na, pa, qa,
ra, sa, ta, va, xa, za.

EU : eb, ec, ed, eg, eh, ej, ek, el, em, en, ep, eq, er, es,
et, ex, ez.
be, ce, de, fe, ge, ke, le, me, ne, pe, qe, re, se, te,
xe, ze.

Les mêmes avec é, è, ê.

I : ib, ic, id, if, ig, ih, ij, ik, il, im, in, ip, iq, ir, is, it,
iv, ix, iz.
bi, ci, di, fi, gi, hi, ji, ki, li. mi, ni, pi, qi, ri, si, ti,
vi, xi, zi.

O : ob, oc, od, of, og, oh, oj, ok, ol, om, on, op, oq, or,
os, ot, ov, ox, oz.
bo, co, do, fo, go, ho, jo, ko, lo, mo, no, po, qo, ro,
so, to, vo, xo, zo.

U : ub, uc, ud, uf, ug, uh, uj, uk, ul, um, un, up, uq, ur, us, ut, uv, ux, uz.
bu, cu, du, fu, gu, ju, ku, lu, mu, nu, pu, qu, ru, su, tu, vu, xu, zu.

4. Consonnes combinées avec voyelles.

B : ba, beu, bi, bo, bu, bé, bè, bê.
bâton, bête, bitume, besogner, butte, bénir, bergère, betterave, bottes, bélier.

C : ca, ce, ci, co, cu, cé, cè, cê.
carabine, Cette, citerne, cône, curé, célèbre, cidre, convenir, cêne.

D : da, de, di, do, du, dé, dè, dê.
dame, demande, dîme, dorure, dune, démêler, dette, datte, dot, duper, diaprure, danse, douche, dais.

F : fa, fe, fi, fo, fu, fé, fè, fê.
famine, ferme, fournil, funiculaire, fêté, fève, fête, frêle, fidélité, fortune, foule, fiancé, fiel.

Gu : ga, gue, gui, go, gu, gué, guè, guê.
garage, gîte, gomme, guttural, guérison, guêpe, grêle, guerre, guirlande, goutte.

J : ja, je, ji, jo, ju, jé, jè, jê.
jarre, jeune, joli, jujube, Jérémie, Julie, Job, Jeanne, jonc, jette, joute, Genève, gerbe.

K : ka, ke, ki, ko, ku, ké, kè, kê.
kaolin, Keller, kiosque, kyste, quel, que.

L : la, le, li, lo, lu, lé, lè, lê.
l'abbé, le rôle, liberté, locution, léger, lèche-frite, lettre, latte, lancer, longue, loué, liaison, lueur, liège, liane, lin.

M : ma, me, mi, mo, mu, mé, mè, mê.

mouille, meringue, mitaine, motocyclette, mutualité, manille, mémento, mètre, même, montre, misère, moudre, mince.

N : na, ne, ni, no, nu, né, nè, nê.

nage, nerf, niche, nutritif, naître, nèfle, noble, nouer, nard, nid, Néron, nieller, nièce, nier, nature, numéroter, nègre.

P : pa, pe, pi, po, pu, pé, pè, pê.

pape, petit, pilule, popularité, pure, pénétrer, pène, pêche, piano, pionnier, pousser, pansement, pierre, pinson.

S : sa, se, si, so, su, sé, sè, sê.

saluer, semelle, subvenir, sole, silex, s'élever, Seine, Sion, science, Siam, sème, soudure, seuil, sègle, sangle.

T : ta, te, ti, to, tu, té, tè, tê.

tabagie, teutonique, tunique, tolérer, tutoyer, télémètre, tel, tête, tondre, trouver, triangle.

V : va, ve, vi, vo, vu, vé, vè, vê.

vanner, venin, vivacité, volume, vue, velouté, veine, vêpres, vivipare, venaison, vieil, vrille, viatique, violence.

5. Diphtongues.

An, eu, au, in, ou, oi, on, un, ai, oin, ien, ail, eil, euil.

An : mante, rang, sang, bandagant, dans, van,
(am, en, langue, panthère, année, jambe, gangue,
em) menthe, embarquer, etc.

7

EU : Eulalie, neumes, Eudes, meure, meneur, cha-
(œu,   leur, ardeur, heure, gageure. chœur, œuf.
œur)

AU : Hauteur, haute, fonte, aéronaute, beau, eau,
(eau)   l'eau, épaule, maure, taube, sauce, sarreau.

IN :   Lin, thym, vin, rincer, divin, boudin, pire,
(im, ain,   brin, prince, guimpe, marin, impur, lim-
aim, cin,   pide, timbre, simple, bain, daim, fusain,
yn, ym)   faim, pain, symbole, nymphe, syncope.

OU : Fou, sou, loue, poule, moule, nouer, cou, louer,
    crouler, jouer, prouesse, four, bouton, rouge,
    croupe, soulager, Toulouse, souffre, poupée,
    moulure, nourrir, brouter, Drouot, douleur.

OI : Moi, noix, toi, voix, soit, foi. boit, loi, doigt, roi,
    proie, droit, croit, poix, joie, moiteur, noircir,
    toilette, voisin, soirée, poisson, foire, boire,
    loire, roitelet, goître, joyeuse, loyal.

ON : mon, ton, son, fond, bon, long, rond, jonc, dont,
    prompt, ponte, Cronstadt, gazon, donner,
    bombe, ombrer, jonque, ombrelle.

UN : Mun, hun, tun, sun, brun, hum, Autun, oppor-
    tun, tribun, parfum, Humbert.

AI :   aider, aide, haleine, reine, nez, est, aider,
(ei, et, es,   forêt, mêlez, fluet, cadet, pleurer, Seine.
est, er, ez)

OIN : Foin, loin, soin, poing, témoin, sainfoin, em-
    bonpoint, poinçon, lointain, rejoindre, poindre.

IEN : Chien, lien, rien, mien, sien, tien, gardien, com-
    bien, Lucien, Adrien, bientôt, maintien.

AIL : mail, maillet, caille, travail, soupirail, émail,
    éventail, bail, détail.

EIL : vieille, réveil, vermeil, corbeille, soleil, pareil.

EUIL : seuil, accueil, tilleul, écueil, fauteuil, treuil, deuil, cerfeuil.

6. Diphtongues-Consonnes.

Ch, gn, ph, gu, qu, ill, br, cr, pr, gr, dr, tr, vr, fl, bl, cl, pl, gl, st, sp.

CH : char, chose, chuchoter, cheval, chaire, chute, chimère.

GN : ignore, ignoble, égratignure, bagne, gnome, ignifuge, ignorer, ligne, bénigne.

F : fané, folie, fugitif, feutre, figue, fée, fête, fève.

QU : querelle, équilibre, quelqu'un, quille, quête, quel, quémander, quotité.

ILL : fille, brille, quille, broutille, écoutille, bille.

BR : brave, brodeuse, brise, Breton, bréviaire, brimade, brume, brame, broute, branche, briève, brève.

FR : frappe, frange, froment, froide, fraise, friture, frondeuse.

CR : crin, cran, croupe, crête, Creil, cruauté, criant, crainte.

PR : prends, prodigue, propre, prête, prunier, premier.

GR : granulé, gronde, grue, grandeur, groupe, grièvement, grosseur.

DR : draper, droguiste, moindre, cadran, escadron, drainer, dresser, Madrid, dru.

TR : traîne, trône, trumeau, trimer, truelle, tréma, traître, tronc, trou, trait.

VR : ouvrage, ivrogne, œuvre, livrée, chevrier, Avranches, chevron, chevreau, vrai.

FL : fleuraison, flaque, affliction, flou, effluve, flamme, flèche.

BL : blâme, blémir, bloquer, rétable, blocus, blindage, bluter, blond, biblique, bibliothèque, bleu, blanc, oblong.

PL : planche, plomb, planton, ployer, plonger, plier, plumage, pliant, contemplé, plaisir, plénitude.

GL : glaneur, glacial, globe, glisse, gloutonnerie, règle, glace, gloire, gluant, régler, Aglaé, Aiglon.

ST : stand, stomachique, stérilisé, stupeur, styler, statuaire.

SP : sport, spore, spartes, spécial, spirale, spirituel, sphérique, spongieux.

7. Lecture alphabétique variée.

Isoler avec soin les mots non perçus, c'est-à-dire les noter pour les travailler ensuite seuls comme il est indiqué pages 110-111.

Ami, cabas, loto, couteau, maman, cheminée, table, feu, bûche, hotte, libre, plume, heure, encrier, porte-mine.

Europe, porte-plume, robe, iris, fichu, unité, assiette, pomme, raisin, figue, épée, sable, orange, fête, corsage, mouchoir.

Marie, Laura, René, cónfitures, viande, Aurore, Nénette, André, ivoire, Geneviève, Marguerite, haine, œuf, histoire, arithmétique, natte, effeuille, écrivain, air, Catherine, Paris, France, Patrie, doux, Londres, Tulle.

Italie, Suisse, contrevent, Aline, fleur, arbre, âtre, lettre, poupée, vif, lent, tableau, manteau, chapeau, serviette, ruban, rose, lilas, tulipe, osier, œillet, urne, reine-marguerite, géranium, violette.

Electricité, voiture, bibliothèque, support, contrée fauteuil, affluence, chaise, chasuble, chaussure, pendule, déchirure, carafe, ignorant, flûte, année, plat, soupière, gagner, lanterne, eau, sel, vin, poivre, fromage, mur, fruit, savon.

Hippopotame, âne, administration, faveur, lueur, concours, malade, Joséphine, Albertine, solo, polo, lys, Paul, Pierre, Victor, source, Albert, Bretagne.

Charrue. sifflet, blé, paille, avoine, Orléans, pré, Chartres, Toulouse, Montauban, Montpellier, honte, iode, mine, lit, cage, panier, bleu, quartier, verveine, vitrine, joujou.

Gourde, œil, qualité, époque, zèbre, reliure, doré, azalée, sirop, camail, Calvin, Rennes, bailli, armoire, piano, nuage, musique, métronome, sucre, fanfare, gloire, pénurie, métropolitain, arme de soldat, chien, blesser, melon, rivière, bluet, blanc, gland, automobile, caouchouc, boue, beauté.

Plage, influent, rognure, souillure, aléatoire, aéré, église, vert, rouge, curiosité, couleur, amitié, poulailler, buanderie, chaussure, chausser.

Rome, chimère, anneau, prélat, blessure, clarté, rebelle, Lusitania, haine, vieux, entier, omnipotence, adorer, gâteau, castor, hiatus, vertu, défaut, action.

Ronde, piété, pitié, création, démon, diable, friable, aile, ailleurs, gondole, coing, laudier, amande, griller, feindre, lin, pain, or, liaison, amnistie, curiosité, ablation, chaire, libellule, etc.

8. Petites phrases.

Enoncer d'abord par syllabes, puis en rythmant, lent et modéré,

Voyelles a, e, i, o, u, ou,

A : Abats l'oiseau de proie.
   L'ananas exotique.
EU : L'heure du cadran sonne
   Heureux les simples.
I : Image enluminée.
   L'idée juste.
O : Ote le nœud bleu de tes
   cheveux.
   L'obole du pauvre.
   Une aurore d'automne.
U : L'urne de marbre blanc.
è : L'élève se lève tard.
é : L'été chaud énerve.
è : L'éternité de l'être.
OU : L'outre du voyageur.
   L'ourlet est fait.

Sons composés

OI : La poignée de la porte.
   Quoi ! moi ou le roi ?
   A l'ombre du poirier.
EN : Cet enfant est méchant.
AN : Dans le moulin à vent.
IN : Le sapin du jardin.
   L'instinct de l'insecte.
UN : Chacun chez soi.
   Melun est un peu loin.
AM : Amnistier un assassin.
   La lampe s'est éteinte.
OU : Le loup est à bout.
ŒUR : Un bon cœur.
AIM : Un daim dans la forêt.

EIN : La Seine coule à pleins flots.
OIN : Loin du clocher de son village.
ON : L'onde verte du fleuve.
ail : L'ail est bien fort.
aille : La paille du chenil.
euil : Sur le seuil de la porte.

œll : L'œil bandé.
ien : Le chien vient d'a-
boyer.
ieu : La pieuse parois-
ienne : sienne.
ial : Le respect filial.
ieu : Il va mieux.
iais : Le biais de moire.
ié : Le pied du fraisier.
oui : Oui ou non !
ui : La poire cuite au
four.
Le buis bénit.
oi : Quoi ! moi ou le roi ?

9. Consonnes simples et composées.

Bien accentuer, renforcer les consonnes.

La chance de Blandine.
Gagne ton pain blanc, petit !
Dans le phare d'Ouessant.
Les guêpes de la ruche.
Une guitare.
Que crains-tu ?
La quille du navire et la
proue.
Le brin de bruyère.
La braise du feu s'éteint.
Froisse le papier.
Seul sur la sellette.
Craignez-vous le froid ?
Les primeurs deviennent
rares.
Travaille, enfant, apprends à
lire.
Les flots du fleuve.
Duguesclin était un preux.
On prépara la glue.

On blanchit le linge.
Claire éclaire la maison.
Il chante le plain-chant.
Glisser sur la glace amuse
les patineurs.
Creuser un trou ici.
Abaissez le store brodé.
Quel spectacle émouvant !
On dirait un spectre.
La splendeur de l'été.
Jean est devenu grand.
La grenade a une couronne
crénelée.
Le pêcheur draine le sable.
Vivre à la campagne.
Il est spirituel.
Le tronc de la chapelle.
Le clos de l'oncle Job.
La myrrhe à fine odeur.
Un beau lys stylisé.

Voilà donc le phénix !
La bille du billard.
Le gland du chêne.
Le char antique.
Un trône ne vaut pas le bon-
heur.
L'obélisque de Louqsor.
La flûte enchantée.
La prière du soir.

Vraiment ! c'est trop oser.
Le Breton tenace.
La feuille d'olivier.
La fusée lance des étincelles.
La bible barbare.
Le Nil déborde.
La balle de plomb.
Le reflux de la mer.
Le cri de la croix.

10. Essai de différenciation et d'entraînement.

Lire d'abord le groupe d'isophones, puis le mot, suivi de la phrase, en essayant la variante en cas de non perception.

(Par *isophones*, on entend les mots de même consonance dont une seule varie.) On peut dire les variantes sans intercaler le mot, puis en l'intercalant. Ainsi : « Le frère aîné », puis : « Le frère aîné arrive », etc...

		Variantes
âge :	Connaissez - vous son âge ?	Connaissez-vous l'âge de mon cousin.
cage :	Le serin est en cage.	La cage du serin.
nage :	Il nage en plein courant.	Remontez le courant à la nage.
dos :	Le gros dos.	Le dos du chameau.
dot :	La dot de la rosière.	La rosière reçut sa dot.
mot :	Chacun dira son mot.	Un mot douteux.
bœuf :	Le bœuf laboure.	On laboure avec le bœuf.
œuf :	L'œuf est frais.	Déguster ce bel œuf.
neuf :	L'habit neuf.	Son habit neuf à manches.
seul :	Mon père vit seul.	Mon père seul habite la maison.
gueule :	La gueule du loup.	Le loup ouvre sa gueule.
meule :	La meule du remouleur.	On orne la meule d'or.

île :	L'île d'Oléron.	Réfugiez-vous dans l'île.
fil :	Le fil gris.	Une aiguillée de fil roux.
mil :	Le grain de mil.	Le mil de la couvée.
mur :	Le mur s'écroule.	On démolit le mur voisin.
sur :	C'est plus sûr.	Le plus sûr est de compter.
dur :	C'est homme est dur.	L'homme dur est haï.
pur :	L'air est pur.	L'air pur et parfumé.
bébé :	Bébé pleure.	La bouillie de bébé.
été :	L'été se prolonge.	Un long été pluvieux.
aîné :	L'aîné des frères.	Mon frère aîné arrive.
aidé :	On l'a aidé.	Aidé par tous, il réussit.
sonne :	On sonne à la porte.	La cloche sonne au loin.
nonne :	La nonne prie.	La nonne du couvent.
bonne :	La bonne repasse.	La bonne de ma tante.
morne :	Il est triste et morne.	L'air morne et déçu.
vin :	Il boit du vin.	Le vin sort de la cave.
sein :	Au sein des grandeurs.	La terre au sein fécond.
plein :	La fête bat son plein.	Au plein de la fête du village.
main :	Donner la main.	La main blessée.
gain :	Son gain est petit.	Le petit gain de l'ouvrier.
teint :	Teint blanc.	Un teint blanc et frais.
rat :	Le rat sort du trou.	On a tué un rat.
chat :	Le chat dort.	Le chat de la voisine.
bât :	Le bât de l'âne.	L'âne porte le bât sur le dos.
année :	L'année dernière.	Une année écoulée.
vannée :	La moisson est vannée.	La récolte vannée est rentrée.
vitrail :	Le vitrail de l'église.	Un beau vitrail bleu et or.
émail :	L'émail du médaillon.	Un bouton recouvert d'émail
corbeille :	Une corbeille de fleurs.	Mettez la corbeille sur la table.
abeille :	L'abeille vole vers sa ruche.	Avec la fleur on cueille l'abeille.
cru :	Le rôti sera cru.	Ce rôti cru sera mauvais.

dru :	La grêle tombe dru.	Tombant dru, la grêle s'amasse.
prude :	La prude jeune fille.	La jeune fille prude.
prune :	La prune du clos.	On apporte un panier de prunes.
coq :	Le coq du poulailler.	Le chant du coq noir.
toc :	La porte fait toc, en remuant.	On frappe en faisant toc-toc.
loque :	La robe mise en loques.	Voilà une vraie loque.
phoque :	Le phoque du bassin.	Le phoque lourd est disgracieux.
blé :	La moisson de blé mûr.	On met le blé en sac.
clef :	Prenez la clef du buffet.	La clef de la maison.
dé :	Le dé de la brodeuse.	Mon dé roule sur le sol.
lé :	Le lé du drap grenat.	L'étoffe au lé étroit.
câblé :	Le fil câblé.	On a câblé le fil de lin.
doublé :	On a doublé les sentinelles.	Le chiffre a été doublé.
sablé :	Sur le chemin sablé.	Le jardinier a sablé les allées.
blémi :	Il a blémi.	Sous l'étreinte de la peur, petit
frémi :	Elle a frémi.	René a blémi et même frémi.
école :	Pierre sort de l'école.	L'école est fermée.
Éole :	Éole, nom qui vole.	Sur l'empire des vents règne Éole.
alvéole :	La ruche a ses alvéoles.	Les alvéoles de la ruche.

11. Lecture d'ensemble.

Dans cette lecture et les suivantes bien poser la voix, bien accentuer sur l'article **le, la, les.**

Nénette est méchante.	Le soleil commence à luire.
Il pleut aujourd'hui.	Nous irons à Paris.
L'hiver a été long et humide.	Le chat mange la souris.
Le chien aboie fort.	Le coq chante à l'aurore.
Nous nous promènerons ce soir.	André est en classe.
	Il est malade.

Bébé n'est pas sage.
Ernest monte à cheval.
On danse au salon.

La bibliothèque est pleine de livres.
Les souliers jaunes d'Anne-Marie ne me plaisent guère.

Nous mangerons, ce soir, de la salade à la crème, une pintade, et un flan aux pommes meringuées. — Le veau n'était pas cuit. — On s'embarque sur le bateau. — Il pleut à torrents. — Les souvenirs ne sont parfois que la mémoire du cœur.

Vivre de volonté, c'est bien, mais il faut considérer que la barque qui remonte le fil de l'eau a plus de difficultés que celle que le courant porte. — Le pain est fait avec du blé. — La charrue fend la terre grasse. — Marie, la bonne, est sortie. — Louise va rentrer. — Le gâteau que le boulanger a préparé a fait les délices des gourmands. — La promenade est hygiénique. — L'hiver est triste et long quand on n'a pas un foyer agréable. — Travailler sous la lampe est une douce joie. — Trois petites sœurs se tiennent par la main pour s'en aller en classe. — Les pois sont lourds, sans goût. — Nous ferons un séjour à la campagne d'Antoinette. — Un pauvre homme demande l'aumône. — Papa part pour Paris. — Ma tante habite Londres. — Berlin n'est pas une belle ville; c'est une grande ville qui contient de grandes bâtisses, de grandes rues, de grandes places, de gros monuments sans art, et d'un art lourd et sans beauté.

Paris est digne de la France. — L'écolier écoute la leçon assis sur le banc de l'école. — Henriette n'a pas bien récité sa fable; on la punira; vilaine petite paresseuse. — L'amabilité et la gaieté sont choses délicieuses quand elles sont naturelles; malheureusement, on les cultive beaucoup plus en France, qu'on ne les possède.

Ne forçons point nos talents, nous ne ferions rien

avec grâce. — L'orgueil démesuré est presque un vice, il ne récolte que des maux profonds. — La page d'écriture d'Albertine est toute tachée d'encre. — Les sous-marins parcourent les mers du globe.

Le malade va bientôt entrer en convalescence ; on lui permettra une promenade en voiture dans le bois. — Les saisons se succèdent sans amener la victoire. — Il y a des canons et des drapeaux allemands aux Invalides. — La souffrance aigrit l'homme, la joie et le bonheur le rendent oublieux et ingrat, parfois injuste. — Le vin s'aigrit dans les mauvaises outres.

La tempête rend le marin prudent. — A l'hôpital, devant les pauvres malheureux, on se demande ce qu'ils peuvent admettre du dogme religieux, en face du riche : on met ainsi sur Dieu ce qui doit revenir aux riches.

L'inégalité est bien la condition humaine, mais il y a l'accaparement. — Le droit existe cependant. — Pascal a dit : « Jésus achève sa passion en nous. » — Exister devrait être considéré comme une responsabilité inéluctable et très haute. — La neige est un piège pour les maladroits. — Agnès s'en va chez ses nièces. — L'enfant résume toutes nos espérances terrestres et célestes. — En reniant Dieu, l'homme renie le meilleur de lui-même. — Le criticisme n'est pas toujours bienfaisant. — Chacun peut croire arrivé ou proche le malheur qu'il désire au prochain. — La tendance à se matérialiser est universelle. — Sous le couteau même de l'égorgeur teuton, nous tendons à l'admirer et à l'imiter quand nous devrions, avant tout, revendiquer, relever, et glorifier l'idéalisme qui fait notre supériorité et notre gloire. — Plus que jamais, la France a besoin de moralistes et d'apôtres clairvoyants. — Le germanisme doit être pourchassé chez nous, sous toutes ses formes, sans que nous abdiquions un sage éclectisme et une justice éclairée.

Paris est le joyau de l'univers. — Sans s'en douter, l'homme retourne souvent aux instincts du troupeau recherchant et trouvant la houlette.

Il est dans la nature humaine de s'appuyer ; ainsi se développe le lierre.

A voir la quantité d'êtres qui meurent sans s'être demandé pourquoi ils ont vécu, on dirait, qu'en effet, l'homme s'agite seulement ! — La conscience n'est jamais abolie dans l'homme, elle sommeille. — L'éclair signale la foudre.

On ne se désaltère pas à toutes les sources. — La prière nous élève-t-elle toujours au-dessus de nous-mêmes ? Oui, en demandant nous nous souvenons au moins de l'un des caractères divins : la puissance. — Combien l'homme est pauvre dans sa richesse ! — Julienne est une pieuse paroissienne. — Catherine écoute la leçon que l'écolier récite. — Il pleut abondamment. — Le froid fait grelotter Pyrame, notre bon chien, devant la porte de l'écurie.

II

EXERCICES MÉTHODIQUES

Si le texte précédent a permis d'établir une moyenne de la perception du malade, on pourra utiliser les combinaisons suivantes qui visent à l'éducation et à l'entraînement autant qu'à l'assouplissement. Établies dans l'ordre systématique, elles pourront servir de modèle pour un travail personnel plus adapté aux qualités positives et négatives du sujet dans le domaine acoustique.

Toute lettre, toute consonance doit être prise à partie. Le son le mieux perçu doit servir d'appui au moins bien accueilli, puisque nous avons reconnu qu'un son entendu prédispose à entendre un autre son. Ainsi, pour nous, nous avons dégagé **A** et **I** de notre pratique, et nous nous en servons dans l'ordre de *plus* à *moins*, de *grand* à *petit*,

On travaille donc d'abord, par opposition, puis par graduation, en utilisant l'audibilité personnelle. On peut répéter deux fois, revenir d'arrière en avant, ou prendre trois, quatre, cinq et six sons, en ayant soin de terminer par le son le mieux ou le moins mal entendu.

Ainsi, pour nous, avec *a*, bien perçu, un *i* non perçu, *é, e*, douteux, *o, u*, perçus :

a — i — é — e — a — a i — o — a, i, e, u, — a é o
— aia — a — é — i — a, etc...

On travaillera de même les sons composés.

On énoncera d'abord lentement, puis à différentes vitesses, par temps tenus ou brefs, en donnant différentes hauteurs de voix.

Plus tard, on scandera, on rythmera avec plus ou moins de rapidité, comme nous l'avons indiqué pour les phrases, et pour les rythmes du neume musical.

1. Voyelles.

A pleine voix.

a, e, i, o, u, é. Énoncer par 2, puis par 3 : ae, ao, puis aea, aoa, etc...

```
a  e  a      e  a  e      i  e  i      o  a  o
a  i  a      e  e  e      i  i  i      o  e  o
a  o  a      e  i  e      i  o  i      o  i  o
a  u  a      e  ó  é      i  u  i      o  ò  ò
a  é  a      e  u  e      i  é  i      o  u  ò
             e  é  e                   o  é  ò

        u  a  u              é  a  é
        u  e  u              é  e  é
        u  i  u              é  i  é
        u  o  u              é  o  é
        u  u  u              é  u  é
        u  é  u              é  é  é
```

2. DIPHTONGUES

en séries :

An   eu   oi   ou   un   eur   ien   ail   euil

an eu	an	oi en	oi	un ey	un	ien eu	ien
an oi	an	oi an	oi	un oi	un	ien oi	ien
an ou	an	oi oi	oi	un ou	un	ien ou	ien
an un	an	oi ou	oi	un un	un	ien un	ien
an in	an	oi un	oi	un in	un	ien in	ien
an eur	an	oi in	oi	un eur	un	ien eur	ien
an ien	an	oi eur	oi	un ien	un	ien ien	ien
an ail	an	oi ien	oi	un ail	un	ien ail	ien
an euil	an	oi ail	oi	un euil	un	ien euil	ien

Par 3 :   an eu oi   eu an oi
            eu oi an   oi eu an
            oi an eu   an oi eu, etc...

3. Diphtongues voyelles.

a an	a	o an	o	e an	e	i an	i
a eu	a	o eu	o	e eu	e	i eu	i
a oi	à	o oi	o	e oi	e	i oi	i
a ou	a	o ou	o	e ou	e	i ou	i
a in	a	o in	o	e un	e	i un	i
a eur	a	o eur	o	e in	e	i in	i
a oin	a	o oin	o	e eur	e	i eur	i
a ien	a	o ien	o	e oin	e	i oin	i
a ail	a	o ail	o	e ien	e	i ieu	i
a euil	a	o euil	o	e ail	e	i ail	i

u an u		é é	é
u eu u		é eu	é
u oi u		é an	é
u ou u		é oi	é
u un u		é ou	é
u eur u		é un	é
u ain u		é eur	é
u ien u		é ain	é
u ail u		é ail	é
u euil u		é euil é etc...	

Si ces exercices méthodiques ont donné des indications sur l'audibilité personnelle du sujet, on pourra procéder à des exercices plus précis, inspirés de cette audibilité, et à l'aide des phonèmes des registres grave, moyen et aigu. Il sera alors nécessaire de procéder par *PROLONGEMENT* des sons, c'est-à-dire en traînant sur les sons et en portant la voix à la hauteur du chant pour émettre l'élément phonétique, en choisissant le ton, la mesure et le rythme[1]. Les sons brefs seront également employés à des exercices semblables.

Exemple : grave : o — eu — ou — an
no — ne — nous
lou — mou — roux, etc.

4. Etude des consonnes, voyelles et sons.

Les consonnes s'éprouvent tour à tour.

Renforcer la consonne, la porter à l'oreille ; bien ouvrir la bouche aux voyelles, laisser couler le son.

1. Voir à ce sujet le « Précis d'Anacousie » du Dr de Parrel, chapitre des vocalises, qui a inspiré ce dernier exercice. — (Note de l'Auteur).

Par similitudes de consonances, il y a lieu de supprimer

k, c, n, g, γ, h.

Ce qui ramène à :

b, d, f, i, j, k, l, m, n, p, r, s, t, v, x, z.

B : ab, bab, aba, abatis, baba, babo, babu, babi, habit. — be, de, bedeau. — ib, bi, ibis, bible, bibelot, bil, ibil. — ob, bo, obo, obole, bob, bobine, bobo, bobu, bubi, bubo, buba. — ban, aban, cabane, bambin. — buis, bien, biais, bion, Albion.

C : ac, cac, aca, acacia, caci, que, kaki, kilo. — oc, coc, oco, que, coque, occasion. — uc, cure, acculé, quête, quié, quantité, aquilon.

D : ad, da, ada, admirer, adapter, dada, dadi, dado, de, ade, demeure, adeline, addition. — id, di, idylle, did, didon, didine, idiome, diapré. — od, do, odo, odeur, dod, dodu, duo, dodeliner, dodi. — ed, dé, édé, éden, ded, déduction, dédé, déduit, édifice, desdémone, diamant, deuil, dieu, adieu.

F : af, fa, affamé, faf, fafo, faufiler, fiole, affolé, feu, effeuille. — if, fi, ifi, fil, of, fo, ofo, fofo, fou, flou.

f : — fé, effet, félé, fève, effort, fol, fiacre.

Gu et J : ag, ga, aga, agacer, age, gage, gue, ig, gi, gigue, gigot, gui, og, go, ogo, gogo, goug, gout, gaule, goulot, égout, gangue, jeune, gens, ug, gu, ugu, jugule, Julien, jais, jaloux, genou, eg, gé, égé, égérie, gêne, gai, Glen, gain, etc...

L : al, ala, la, alarme, lala, alala, le, âle. — il, limili, lil, lin, vil, bil. — ol, lo, do, lolo,. — ul, lu, ulu, lulu, lueur, lien, lion, liané, el, le, elle, lésiner, élever, légation.

M : am, ma, maman, amasse, me, meurs, mieur, rimeur, im, mi, imiter, mimi, imminent, mime, om, mo, omo, momo, immoral, aumône, mamelon, um, mu, ému, cumul, mur, muse, em, mé, émé, écrémé, même. — mais, miaule, amiante, Amiens, mielleux, émietter, miette, camion, camail, mature, émoi, moiteur, mince, émonder, émouvant.

N : an, na, ana, Anna, nana, ananas, naol, Nantes, ne, cun, heun. — à jeun, neume. — im, ni, ini, inique, nini, fini, fin, nain, nino, ninu, nénuphar, on, no, ono, honore, nono, nonne, ne, neveu, un, nu, une, nun, nunu, né, éné, nègre, niais, niant, nieller, génial, nou, dénoue, énoncer, nouer, annales.

P : ap, pa, apa, papa, apparent, pape, appas, peu, eup, peuple, ip, pi, épi, pipe, pe, épi, op, po, opo, poser, opposer, pope, population, populaire, up, pu, upu, suppure, pup, pupitre, pe, ep, épée, épèle, époux, poupée, épaule, plaie, pliant, pleur, éploie, éplucher, plume, pin.

R : Or, ro, aurore, orage, roman, orna, Roanne, aorte, re, rare, arabe, remis, arome, Rome, rand, roue, roule, ir, re, iris, rir, rira, riro, rio, trio, hirondelle, ur, ru, uru, rur, rue, rua, cruauté, ruse, éruption, ruelle, ré, er, réagir, irréfléchi, Réaumur, réassortir, riant, rang, arranger, rond, ourler, rongé, rien, ariens, rions, horions, rieuse, réel, irréel, La Réole, rétabli, éruption, etc...

T : at, ta, ata, atavique, attaque, tal, tatouer, Atala, Atlas, alto, te, tat, teuton, ateur, it, ti, iti, itinéraire, iti, tin, éteint, tira, étira, retire, ot, to, oto, totot, Othon, total, tenant, ante, ut, tu, utile, tutélaire, tube, étuve, été, télescope, étrennes, trait, trio, trois, étroit, trou, attrouper, triangle, étreint, trait, trio, triennal, attention, essentiel, tatoué, Tétouan, etc...

V : av, va, avare, var, valve, aveu, iv, vi, vive, vivifier, victime, éviter, vivace, évita, euv, veuve, ov, vo, aval, vole, ovipare, vivipare, uv, vu, vé, trivial, vieu, vais, évêque, verveine, évier, violon, Evian, vous, vieil, veuille, val, vol, etc...

X : ax, xa, axa, axe, Xavier, exact, examen, exaspérer, exagère, excès, ix, xi, exhiber, exciter, ax, xo, oxo, xoxo, xé, exé, exemple, Xérès, exercer, annexion.

Z : az, za, aza, azalée, zaz, gaz, agazo, azzi, lazzi, azoté, iz, riz, zizon, horizon, oz, zo, Zoé, zone, ozone, zozo, uz, zu, uzu, zuz, usure, suzerain, ez, tez, zèbre, zélé, lésé, biaisé, oser, rose, zui, basin, zure, yeux, les yeux, luzerne, etc...

S : sa, as, Assas, savane, so, os, essieux, somme, assomme, seu, es, seule, sseulé, esemis, si, is, site, histoire, assis, issue, su, us, sure, hussard, usu, sé, ès, séné, essai, essaimer, cesser, sè, ès, sévère, sème, essaime.

5. Même étude avec diphtongues-consonnes.

Prononcer avec décision, voix élevée, puis prolonger tous les sons.

CH : cha, achat, char, acharnée, och, chose, chucho, chimie, châle, miche, chiffre, chance, chien, archi, orchidée.

GN : gna, agneau, ognon, gnome, igni, gné, ligne, agnus, gné, gnol, gnal, signal, espagnol, gnel, ignore, ignifuge.

GUE : aga, agape, orgue, guêpée, égoïste, aiguë, igue, ligue, guipure, onguent, gui, gueur, élagueur, gong, guidon, guien, gué, égaie.

ILL : lla, alla, aill, paille, lli, failli, cuilli, cueilli, tilleul, lilial, alliance, eill, fille, étrille.

BR : abr, bras, brod, ébrui, bref, abri, brio, arbre, brimade, brut, brême, briant, breuvage, ébrou, brouette, branle, ébranlé, brûle.

FR : afr, fragile, fre, frelon, effroi, offri, frôlé, effriter, fruit, offrande, frais, effraie, orfraie, fripé, Afrique, frêle, friable, friand, frein.

CR : cra, écraser, craque, acre, crevettes, accroc, croque, accru, crucifix, crou, écrou, cric, écri, écran, ocré, criant, écru, crainte, écrémé.

PR : pra, apprenti, pratique, probe, opprobre, pris, épris, Prusse, prince, propriété, apprendra, après, pré, prône, proie, prêtre.

GR : agr, gra, agrarien, agréable, grandeur, égra, gratin, égratignure, ingrat, grenier, grelot, gris, aigri, grimace, maigre, grue, grotte, agronome.

DR : rd, dra, dragon, dran, cadran, adresse, drôle, drou, coudre, édredon, drainer, escadron,

Drôme, perdrix, Driant, cendre, encadreur, dirien, dru.

TR : rt, atre, tra, trafic, attrait, trop, estropier, tri, attrister, atrophie, étrennes, trumeau, Etrurie, train, treuil, tronc, Troie, trou.

VR : rv, vra, hâvre, vro, chevreau, œuvre, vrille, Avril, appauvri, vrai, vrier, ouvrier, vré, œuvré, Ivry.

FL : ef, fla, flot, fleur, effleure, flore, défloré, fluction, fluorescence, floraison, flair, flirt, fléau, efflanqué, flou, renfloue, fluet, effluve, affliction.

BL : eb, bla, obla, ébloui, bleuâtre, ablation, oubli, biblique, blindé, sable, bleu, blanc, noblesse, blessé, bloquée.

CL : lc, cla, éclat, clac, clarté, claie, clôture, occlure, Cluny, déclic, déclin, incline, conclure, éclaire, clerc, écluse.

PL : ep, pla, plo, éplorer, plomb, aplomb, plu, éplu, plume, pleure, plein, pliant, pluie.

GL : lg, gla, glace, églantine, Aglaé, glo, églogue, glotte, gli, église, glissade, glouton, glaise, glu.

ST : st, ts, sta, statue, stage, stopper, stipuler, stoïque, stuc, stup, stupeur, stand, stère, stéarine, astre.

SP : ps, spa, sport, sphinx, spore, spirale, spahi, spiritualité, Spandau, Spire, spère, etc...

6 Petites phrases avec les consonnes.

(Différenciation et entraînement).

**Rythmer, exagérer l'intonation et les inflexions.
Bien marquer la consonne.**

B : Bats le tapis en bas. — Beurre de Bar-le-Duc. — La bottine bombée. — On se sert du bitume. — La robe de bure. — L'abbé s'en va demain. — Bandez les yeux de Jeanne. — La boîte est ronde. — La bonde du baril. — Le tribun parle. — La bourse du bousier.

C : Le canard culbute la poule qui mange sa pâtée. — La colère du cancre. — Le quartier qu'on a consigné. — Qu'emporter à Calais ? — La table laquée a été coupée par le laquais. — Qu'autorisez-vous ? — Chaque œuf à chacun des convives. — Je ne fais qu'ombrer le fond du dessin. — La cure complète. — La candeur confère de la grâce. — Le Kalife de Cordoue. — Pourquoi donc quêtez-vous ? — Qu'aimez-vous ? — Allez dans le kiosque. — La cuisine est envahie par la suie. — Les quinconces de Quimperlé. — Qu'y a-t-il dans ce coin ? — La culture du crocus. — On cueille des fleurs pour le cercueil.

D : La dame donne des dîners. — L'abandon de la dîme. — La dinde dodue. — Demande du vin doux. — Déménager dérange Adèle. — La dure journée. — Allons prendre une douche. — La danse fatigue. — La fanfare sonne la diane. — L'adieu du condamné. — Le dindon dur. — Le doigt de la main droite. — Deux par deux, marchez ! — Remarque l'ardeur du bedeau à l'église. — En forêt le daim détale. — D'ailleurs, débrouillez-vous. — Ma cousine est en deuil.

F : Fatalité a-t-il un sens ? — La farandole folle fait fureur. — Finissez la fiole d'eau.— On fit feu sur la foule dans la forêt. — La fleur sur l'herbe fine. — A la fanfare de Foix l'enfant s'essouffle. — Quel fort parfum émane de Philippe ! — La feuille sèche flambe. — La fiancée est fière. — La flotte fouille la mer guidée par le phare. — Feindre est malhonnête. — Un nœud de faille flou. — Le flair du chien de chasse.

G, J : Voyez la grande gourde que le garde garde sur lui. — L'orgue gronde. — Le joli jonc. — La gueule du loup glouton. — La gomme coule de l'arbre. — Le rateau élagueur. — La glu n'est pas la glaise. — Les lagunes de Venise. — Vends ici tes gaufres, Jean. — La goinfrerie dégoûte. — En gambadant Gudule glisse sur la glace. — Enjambez le ruisseau jalonné de cailloux. — Grimpez, glissez, glanez, mes amis. — Le jaloux geint. — Quel gaillard guette le voleur !

M, N : Mantoue, Nantes, noms de villes. — La mauve mielleuse des champs. — La main mince de ma nièce. — Menez Maurice à la maison. — Mille manières de mimer. — Les moutons n'ont pas mangé. — Mon fils va à Neuilly. — Le camail de l'évêque. — J'ai sommeil, n'ouvrez pas. — Le chat miaule. — N'éteignez pas la lampe. — Les meules manquent cet année. — Mon pays est Amiens, et le tien ? — Nommez cette personne. — Il nuance son jeu. — Noue le cordon. — Le nez du singe.

L : Lave la laine, Lise. — La lance luit lorsqu'on la touche. — L'heureuse mère. — Louise loue l'appartement. — La lumière lunatique. — Livrez la livre de lard. — L'alun en poudre. — Lourd, le paquet de lin. — Prenez l'élan de loin. — Leur légèreté laisse une trace. — L'air déjà vif du soir. — La baleine allait bien. — L'œil-de-bœuf. — La sauce à l'ail.

P : La pâte de pommes et de poires paraît à point pour prendre place sur la table. — La poulie de la pompe porte le seau au plein du puits. — Il part pour son pays. — La pierre peut plonger dans l'eau. — En ployant le genou, Bébé pleure. — On a rentré la paille. — La plume plie au vent. — Prenez la table pliante. — Le pèlerin part pour la Palestine.

R : Le rat rôde dans la rue. — La rivière ronge la rive riante. — On rit dans la rue. — Ses rêveries reviennent l'attrister. — Les réparations rendent l'hôtel inhabitable. — La raie est rayée. — La rangée de perles du collier de la reine. — Un roitelet est un pesant fardeau. — Rincez le verre. — Le railleur ne dit rien. — Raoul refuse d'aller à Rome et en Russie. — Sa fatigue est réelle. — Le rhum réchauffe le patineur. — Il n'a pas son pareil. — Recherche la route facile.

S : La sévérité soulève la rancune. — Sonne seul à la porte. — Le suave parfum. — Le cirque s'arrondit. — La selle cédera sous celui qui montera ce cheval. — La suite de cette sérénade sonore. — Sans conseil, il assaillit la place. — La somme due sera payée ce soir. — Le Siam entre en guerre contre le Prussien. — Sa sœur a soin de lui malgré sa noirceur. — Le seuil de la maison.

—Sainte Cécile, musicienne. — Un sport funeste.
— La sincérité de Sophie s'allie à la vérité des
choses, d'où son succès.

T : Totalisez votre fortune. Quel tintamarre tout à
coup ! — Télémaque vous intéresse. — Toute la
manœuvre est très opportune. —Tonds la brebis
dont on teindra la laine. — Venez tendre ces
3 filets. — Stérilisez la toile trouée. — La truite
saumonée. — Le tailleur pose l'habit sur le fauteuil.
— La tannerie travaille en tous temps.

V : Valérie veut vendre sa vigne à votre voisin. — La
voûte du monument. — On vote, ce matin. — A
vue d'œil, versez l'infusion de verveine. — Du
velours vous servira. — Votre volonté de travail
se réveille. — On se résigne sans qu'on le veuille
bien. — La vieille va verser vingt francs en or. —
La voile violet clair. — La vrille fait le travail. —
Qui vient ? — Voulez-vous le voir. — La vérité
vaincra.

X : Il exagère ses raisons. — Xavier exerce son cheval. — On exemptera ce soldat du service. —
Voilà une exhibition dangereuse. — Réussira-t-il
à cet examen?

Z : Son zèle est admirable. — Jacques tombera du
trapèze. — En jouant vous manquez le dièze. —
L'azote manque. — Retenez le zéro de ce nombre.
— Il part pour la Nouvelle-Zélande. —Mon neveu
zézaye. — Voici enfin la belle saison. — La toison
claire du mouton. — Eloignez ce poison. — Quel
joli vert a ce gazon. — Le vert luisant s'agite
dans la verdure produisant l'effet d'une petite
lampe allumée. — La barque s'est ouverte sur les
brisants.

7. Mots Isophones

$$\text{Graves} \begin{cases} \text{o U. N.} \\ \text{o G.-N.} \\ \text{eu L} \\ \text{ou R} \end{cases}$$

Monosyllabiques.

Lot, mot, nos, flot, dos, sot, pot, chaud, faux, cor, sort,
dort, port, mors, lord, tort, fort.

Œuf, bœuf, neuf, seul, veuf.
Cœur, peur, leur, mœurs, fleur, heurt.

Fou, mou, doux, sou, poux, nous, toux.
Lourd, pour, tour, four, cour, sourd.

Dissyllabiques.

Loto, coteau, couteau, rateau, photo.
Porc, flore, saure, Laure, dore, faure, maure.
Molle, colle, sole, môle, rôle, folle.

Heure, beurre, leurre, meure.

Poule, coule, moule, roule, foule, houle.
Outre, loutre, doute, route, soute, coûte.

Corde, porte, forte, morde, horde, Bordes.

Noueux, boueux, douteux, coûteux, goutteux.

Trisyllabiques.

Obole, coupole, corolle, recolle, Arcole, Nicolle.
Aumône, baronne, couronne, Garonne, arome, Sor-
bonne.

Neurone, mignonne, savonne, Yvonne, Latone.

Heureuse, peureuse, vareuse, pleureuse.

Phrases.

Le fond du pot neuf. — Le moule de fonte coule. — La meule haute et ronde. — Nos poules courent au fond de la cour. — Mon compagnon monte le coteau roux. — Nous soulevons la lourde poutre.

Moyens {
u, ou-i
an, oi
ain, in
on, ien

Monosyllabiques.

Pus, su, du, lu, mu, nu, tu, vu, rue, suc.
Banc, sang, dans, pan, rang, camp.
Lin, teint, pin, fin, brein, rein, main, feint, seing, peint.
Pont, mont, long, son, vont, bon, non, rond.
Coi, moi, toi, soi, noix, loi, doit, soif, soin, foin, poing.
Pion, Sion, lion, fion, nion, rions.
Bien, mien, tien, sien, vient, lien, rien.

Dissyllabiques.

Hutte, chute, lutte, flûte, butte.
Coton, ballon, melon, frelon, breton.
Onde, ponte, conte, monte, monde, fonte, bonde.
Melun, alun, commun, opportun, album.
Avion, copion, million, succion, fluxion, diction,
Onction, torsion, portion.
Contient, maintien, soutien, Bastien, chrétien.

Trisyllabiques.

Cohésion, cohérent, coexister.
Toiture, voiture, peinture, coiffure,
Teinture, ceinture, bordure, rayure.

Macédoine, avoine, Antoine, péritoine.
Absolution, institution, révolution.
Musicienne, Lucienne, ancienne, prussienne, Adrienne,
Alsacienne.

Phrases.

La flûte et le luth d'Antoine. — Le lapin tient un brin
de thym dont il s'amuse. — La butte ronde s'estompe
dans le lointain. — Eloi broie le foin au loin. —
Lucien vient. — Oui, la musicienne a plu. — La coiffure de soie brune d'Adrienne.

Aigus
{
A.   B. P. D. T.
é.   F. V.
é. i, K. Gu. Z. S. Ch. J.
}

Monosyllabiques.

Ah ! ma, ta, sa, la, va, pas, tas, cas. — Lé, dé, blé, nez,
fez, dé.

Braie, paix, dais, taie, saie, vrai, chaix, jais, gai,
quai.

Fil, mil, cil, vil, il, til. — Ciel, vieil, miel, fiel.

Dissyllabiques.

Abats, cabas, lama, nabad, ara, rama, arma, rima,
arme, arrhes, tare, gare, mare, mira.

Pari, tari, mari, Charlie, carie. — Celé, mêlé, pelé,
freté.

Bêle, elle, mêle, selle, telle. — Mère, père, frère.

Nié, scié, plié, trié, prié, — Oté, côté, porté, doté,
santé, loué, bouée.

Reine, peine, Seine, laine, plaine, Maine, faine, haine,
vaine, naine, Taine,

Sire, pire, dire, lire, fifre, mitre, Tibre, vibre, libre.

Crisé, prisé, frisé. — Zélé, célé, mêlé, fêlé, zézaie.

Polysyllabiques.

Dénudé, démodé, efféminé, externiné, exténué, éternuer.

Iniquité, ubiquité, antiquité, uniformité, amabilité.

Chimérique, héroïque, satanique, numérique, volcanique.

Phrases.

La mimique du pitre excite Véronique. — Elise orna la cabine du navire. — Il a frisé la maladie nocive qui décima l'armé cet été. — On effile le fil qu'on enfile. — Le lé dentelé du filet. — La mère déplie le paquet ficelé par Jacqueline à la ville. — Il a repris ses arrhes.

8. Mots Isozonaux

Graves.		Aigus.	
l'ombre	Pologne	Alix	exil
Leudes	heurt	Lélia	buissonnière
onde	four	été	azalée
Meudon	honore	Nité	acquis
meule	bedeau	lzard	disséqué
Sologne	saumon	pénétrer	bélier
Ostrogoths	Rorcu	alité	béler
relieur	rogue	Egérie	baquet
Legnano	houleux	Séné	rimer
boussole	mousse	aider	sifflet
Moscou	senou	Eni	simili
Maupeou	mouron	escalier	midi

Mortagne	Oloron	Panama	huis
Deno	Corfou	Ibis	Memphis
Noume	Dolor	Persepolis	anti
Maures	nos	Tili	Il
hauteur	Gnegno	mastic	décidé
l'ours	Roulous	émêché	milice
Lounon	Lorgne	officier	officine
ourle	Lepante	célé	zigzag
cocon	pelote	Batavia	gilet
dodo	menton	piqué	faquir
orne	nœud	Elixir	fili

Moyens.

Le Rhin	porte-monnaie	mitaine	lune	ennui
novelette	elle	cintre	libellule	suif
Lorient	surprise	règne	omelette	foire
papillon	meilleur	belle	bulle	luette
chignon	antan	Atlantique	désuète	Galicie
lundi	courage	essuyer	allumette	mêle
suture	allumage	sulfurique	gallé	millet
gabelle	onyx	attelle	Agathe	plaine
salutaire	oui	lion	luth	sursure
rebelle	Aloys	abeille	inutile	fouine
Tamise	camail	coefficient	chute	mûre

9. Isophones variés

Passer, masser, casser, tasser, lasser. — Boire, noire, foire, Loire, croire, gloire. — Reine, haine, peine, baigne, saigne, daigne. — Loriot, charriot. — Curieux, furieux.

Houle, poule, moule, coule, foule, roule, couler, poulet, toucher, mouler, doucher, pousser. — Coffre, gauffre, Joffre, offre, coffre.

Consolation, composition, appétit, abêti. — Chambrette, charrette, chouette, brouette, fouette.--Etouffer, émonder, éventer, éteindre, énoncer, étaler, établir, étage, étang.

Chair, flair, pair, air, fer, mer.

Rome, Rhône, ronce, rose, robe, rôle. — Donne, pomme, gomme, somme, cygne, digne, ligne.—Daube, taube.

Beauté, ôté, côté, porté, doté, santé, loué. — Reine, peine, Seine, laine, plaine, Maine, faine, haine, veine, naine.

Sire, pire, dire, lire, pître, fifre, mitre, titre, vitre. — Grise, prise, frise, crise, mise, Lise, bise, vise, disc.

Alité, qualité, mérité, habité, délié, supplié. — Assuré, pressuré, mesuré, tonsuré, abjuré. — Praline, gamine, Aline, pluie, bottine, patine.

Elira, soutira, patira, écrira, admira, défiera. — Vitrier, plâtrier, chalutier, encrier, jardinier, fruitier, carrier, bénitier, camérier.—Gruyère, bruyère, salière, arrière, carrière, fourrière, tourbière.

Démet, effet, fluet, muet, arête, barrette, fauvette, lunette, dette, fête, fève, bête, crête, prête. — Clycine, glycérine. — Silice, office, mélice.

Assiette, omelette, femmelette, désuète, giffler, siffler, dicter, lisser, tisser, visser, crisser. — Apprêté, arrêté, affronté, éhonté, affrêté, effrité, éternité.

Evité, élidé, exilé, défilé, situé, argenterie, bijouterie, ganterie, laiterie, confrérie.

10. Consonances

Fa-fou, ta-bou, la-man, qui, Lamalou, Li-min, di-nau, le-leu, li-las, lu-nion, la-tou, la-tin, sa-sole, fé-lon, a-bri, bi-plan, fo-fon, an-tan, fi-fin, fon-taine, be-deau, a-lun, é-lu, fi-fou, é-mant, fu-fan, fa-fun, to-

tin, damas, paté, sa-sou, se-fon, mi, ti, si, di, li, at-mau,
do-lor, é-lu-dé, sé, té-mé, dé-mê-lé, a-du, li-mé, mi-
tron, ti-que, a-lui, ba-ton, bon-tan, bi-plan, co-teau.

11. Mots difficiles à plusieurs syllabes

Moustiquaire, rouerie, duplicité, ami, souffrir, la-
pidaire, Hérodote, Sierra, grincement, abbesse, con-
travention, Niagara, pliant, élégance, Nabuchodo-
nosor, Chaldée, Sardanapale, Orient, argumentation,
Louqsor.

Africain, sarcophage. somptueusement, Reims,
riverain, sculpture, héroïque, loufoque, satanique,
scipion, typhoïde, héroïque. Photin, scientifique,
perspective, sévère, symptôme, valétudinaire, apothi-
caire, Néron.

Ambassadrice, Agnès, chrétien, aéroplane, britannique, fuschia, aérodrome, anniversaire, héliotrope,
valétudinaire, Eliacin, Cancrelas, damasquiné, stèle,
Catacombes, voie Appienne, Pyramides, amphithéâtre,
etc...

12. Même étude avec NOMS PROPRES

Le Tasse, Dante, Michel-Ange, Raphaël, Léonard
de Vinci, Pierre-le-Grand, Gustave, Adolphe, Victor
Hugo, Lamartine, Graziella, Desdémone, Racine,
Corneille.

Boileau, Bossuet, Cicéron, César, Parmentier
Bernard Palissy, Sauvage, Cuvier, Bourdaloue,
Buffon, Chénier, Fénélon, Languedoc, Versailles,
Dijon, Lourdes, Saintonge, Marseille, Provence.

Nantes, Loire, Dauphiné, Le Berry, Garonne, Le
Bourbonnais, Rennes, La Champagne, Saint-Brieuc,
La Bretagne, L'Artois, Les Ardennes, L'Alsace.

Quimper, La Rochelle, La Lorraine, La Palice, Toulon, Forêt-Noire, Les Corbières, La Cordillère des Andes, Jungfrau, Amérique, Canada, Asie, Chine, etc.

13. Etude des SONS É, È, I

É : Elisabeth, élancé, éruption, élémentaire, élire, épître, ébruiter, illégal, élégant, les, élu, essuyer, lé, éthéré, éternel, et, étiage, détourner, télégraphe, été, sévère, vérité, zélé, mêlé, méandre, néant, réalité, mène, lè, père, frère, rène, élève, Hélène, pène, dès.

L'éruption du Vésuve répand la terreur. Le lé de l'étoffe était étroit et mal tissé. L'éléphant n'est pas léger ; il pèse, mais il n'est pas méchant, bien que ses défenses soient une arme terrible. L'élégance de Thérèse. Mon frère part pour Trèves.

I : Ibis, iris, imitation, illimité, importer, issue, hypnotisme, irriguer, iota, aquarium, fluxion, exhiber, blaiser, billard, fixité, zigzag, lazzi, Isis, fini, itinéraire, sire, initié,

L'iris bleuit. L'isthme et le prisme. L'invitation de l'ami intrigue la voisine. L'épi grandi sur sa fine tige. Il s'initie à la chimie. Le style de Sylvie.

14. Etude du son EU

A titre de modèle d'étude de son non perçu ou confus :

Le, me, ne, te, se.

Euphorbe, euphonique, Soleure, cœur, peur, sœur, mineure, gageure, neuve, pieuvre.

Euphrate, pleure, l'heure, l'heureux, Européen, deux, Eudoxie, moyen, soyeux, seul.

. Prétentieux, ambitieux, méticuleux, laborieux, malheureux, milieu, nombreux.

Veuve, œuf, terreur, teutonique, marque, marge, Marthe, marbre.

Martine, bagne, Saxe, geule, digue.

Mantille, lente, clématite, cure, relent, repart, eux, te, re, besogne, peu, berce, torse, inexorable, affreux, etc...

Phrases

Le mineur creuse la mine. La sœur a peur de perdre son gage. La meule du rémouleur. Le beurre de la Charente-Inférieure. L'heure s'écoule rapide, inexorable. Nombreux sont les prétentieux, rares, les laborieux. La nappe blanche de la table dispose les dîneurs. Europe, fille d'Agénor, ne serait pas fière, en ce moment, de la contrée à laquelle elle donna son nom. L'Euphrate même roule les cadavres de la lutte européenne. Mes deux neveux me conduisent chez eux. Les Teutons doivent être en proie aux Euménides. Eumée, le gardien des troupeaux d'Ulysse, eut peut-être plus de bonheur et dans tous les cas plus de chance que le milliardaire Vanderbilt.

15. Etude de la consonne R, (à titre etc.)

Rare, rareté, rarissime, raclée, raboter, ramener, rarement, rire, rieur, riant, rouler, rencontrer, rouge, ronge, rondeau, rang, rangée, rentrer, rendre, rancune, réelle, ravier, revoir, rural, ruse, rompre, arrêt, ris, rire, rions, riez, riait, irrédent, rhume, Réole, Roumain.

Phrases

Robert, Raoul, René renversent le vase qui contient les roses rubis. Les rêves de Rosine se réaliseront. Il est rare de rencontrer Henri. La révolution russe retentit en Roumanie. Le rhum de Rosalie rosit dans les verres. Le raisiné rouge, rangé en pots de grès. Sur le bord de la route le ruisseau sursure. Le ruban rutilant.

16. Mots artificiels-entremêlés

Jacobu, motabé, confetti, parito, subira, ronrura, canevas, souffleté, subito, salsifis, bibine, romane, vitupérer, satito, Sofia, pataran, déluré, nabab, lavabo, copicra.

Jadaba, fandago, tango, bobo, lolo, bicyclette, hadana, Arlette, cabas, luminu, cadenas, Zaratoustra, fabedi, fogodobo, bada, propri, tabac, nado, curie, rumino.

Autodafé, rural, numéro, doraro, dureté, rarari, allo, botolo, coteau, gogo, boquetcau, huluberlu, pullulla, faufilin, mina, acacia, épicux, simili, lilial.

Au-delà, minutie, nuni, lésé, état, Modata, Agadir, impri, capré, futura, lolo, solo, poteau, guin, sio, prima, orna, tuteur, étatiste, luli, etc..,

17. Mots (Pour l'épreuve de l'audition)

Monosyllabiques.		Dissylabiques.	Trosyllabiques.	Polysillabiques.
coq	bord	ruse	ablation	précipice
sel	cri	ronde	pureté	organisation
car	roi	paire	poésie	dégustation
rat	moi	être	floraison	antipathique
chat	meut	blanche	imprécis	somnolence
mil	soie	lire	déceif	apparence

air	poids	argot	créancier	révolutionnaire
mors	bris	curé	émonder	reconnaissance
prix	mer	mitre	habiter	subventionnel
mis	fer	kiosque	anglaise	complémentaire
mot	mur	luire	moulage	insuffisamment
fiel	sur	louche	sûreté	dépopulation
ciel	rien	poussin	gréviste	Alsacienne
œil	dur	pantin	superflu	Dannemarie
riz	dard	rare	suspension	télescoper
cuit	par	ordre	limité	oratoire
pair	brin	buse	breuvage	sanatorium
bas	serin	buisson	création	commissionnaire
fil	sein	grêlon	appétit	concentrique
il	daim	ailé	raréfier	lumineusement
an	bon	colle	pendaison	rééducation
cru	plein	loué	rémouleur	scientifique
dru	œuf	liane	adorer	poétiquement
rets	if	opter	illustre	aérostation
crac	or	allé	édifier	aliénation
rôt	nid	cime	floraison	érosion
tic	laid	aile	oraison	intellectuel, etc...

III

LECTURE

---

1. Premières différenciations.

La lune luit dans le ciel pur. Les enfants sautent à la corde. Le mois de mai a été froid, cette année. Marie a mangé le gâteau. L'orange est douce. Papa part pour Paris. Le chat chasse le chat de la chambre de Charles. Les trois toits noirs. Le ruban pend sur le banc. Le chat fait ronron couché en rond. L'abeille vole sur la treille. La souris ronge le riz. On s'amuse à jouer de la cornemuse. Henri est un petit garçon sage. Noëlle a déchiré sa robe. Adrien traîne son parapluie. René mange du pain. Georges court dans le jardin. Il fait froid aujourd'hui. Dimanche prochain nous nous promènerons en ville. L'arbre a des feuilles. Les fleurs ne peuvent pas pousser. L'été au jardin, il y a des œillets roses, jaunes, rouges ; du lilas, du mimosa ; des myosotis et des marguerites, avec des géraniums à l'ombre du palmier.

(On peut construire des phrases semblables à cette dernière en changeant les sujets ou objets — en faisant varier les noms de la phrase. Ainsi au lieu de dire :

« l'été au jardin, etc... » remplacer par : « l'été le parterre se couvre de pétunias, de lys, d'anémones, de pensées, etc... »

On peut encore substituer un nom différent pour éviter l'orientation mentale, etc... Ainsi :

« L'été, dans le parc, les roses, les épines, les marguerites, les oiseaux, etc... »)

PETITE LECTURE D'ENSEMBLE

2. Sons simples et composés, diphtongues.
Mots graves, moyens et aigus ;
isozonaux.

Le chevalier porte une cotte de maille, une armure damasquinée et un casque à cimier.

L'histoire de France est un livre merveilleux qui contient des leçons fécondes. L'enfan est le miroir de nos mérites et de nos fautes ; si no s avons su l'élever, il nous rendra nos peines au ntuple. Peu de parents vivent pour leurs enfants.

La civilisation antique ne connai ait ni la pitié, ni le respect des malheureux, de la fen e et du vieillard : elle n'aimait que la force, la bea é et la jeunesse. Trieste sera bientôt reprise par l Italiens. L'Allemagne est une criminelle qui ne m ite que mépris et châtiment. On prie à la chapelle ur l'âme des soldats qui ont donné leur vie po r nous défendre. L'Angleterre est une nation libr qui s'oppose à la vaste caserne allemande ; la sages e et la raison font plus la force de l'Angleterre que s canons ne font réellement celle de l'Allemagne.

ÉTUDES FRAGMENTAIRES

3. Voyelles composées. Consonances graves,
moyennes et aiguës.

Les Japonais se sont adaptés m veilleusement au progrès moderne. Ils ont une armée exercée, commandée par des officiers formés en Europe. L'aurore se lève dans le ciel blanchâtre.

La coquette est fière de son teint d'albâtre. L'Océan rend sa proie, le requin la broie. Le brin d'herbe sèché dans l'herbier de Jeanne. Les Chinois possèdent une civilisation très ancienne dont ils sont très fiers et dont témoignent leur art, leur littérature et même leur philosophie. Confucius est le premier des sages et des penseurs. La culture morale des Chinois est très élevée ; ils ont le respect des vieillards, le culte des ancêtres. Il faudra que l'Europe soutienne peut-être un jour la lutte contre les Asiatiques.

L'oiseau chante dans la cage blanche. Ses roulades s'entendent jusque dans la campagne. La belette sort du trou ; le rat y rentre. Le lapin broute le thym sur le bord de la route, le chasseur survient, le tue et l'emporte.

Le lièvre court sous les baies de genièvre en dressant ses oreilles. La serviette de bébé est sale, bébé est un petit maladroit qui ne sait pas encore porter la cuiller à sa bouche. Le fauve a des instincts redoutables ; sous certains rapports, le chat est un félin.

La lingère raccommode le linge que les rats ont rongé au grenier. L'aiguille court dans le tissu. La tourterelle roucoule pendant que la sauterelle saute. L'aile de l'hirondelle fend l'air couleur d'azur. Les Chinoises portent des chaussures spéciales afin d'avoir les pieds plus menus. Le papier et les cahiers sont avec le plumier dans le casier de merisier.

La houle attire la foule sur le rivage. Les vers à soie mangent les feuilles de mûrier. Le grainetier vend du chénevis pour les canaris de Marie.

4. Consonances graves.

Jeanne joue de l'harmonium ; son jeu sonore résonne au loin. Guillaume entoure la pompe de paille. On porte des mûres et des dattes. Le garçon

cueille du mouron. Le malheureux demande l'aumône.
Le melon est mou et doux. Sur le tronc noueux de
l'arbre, l'oiseau chasse les mouches. Les poissons
sillonnent le fond de l'onde. On parle du pont d'Avi-
gnon dans une ronde. L'enfance est un heureux
moment de l'existence. Le loup habite les bois
sauvages. La tisane calme la toux. La roue de la fortune tourne. Le ruisseau coule de la montagne. A
l'orée du bois d'or, s'arrondit le rond d'or de l'orbe
du soleil. L'étang s'étend; les tentes s'étendent. Ma-
dame part pour Modane. Deux à deux sur la route
boueuse marchent les soldats. C'était pendant l'hor-
reur d'une profonde émeute. Le malheur des uns sert
souvent au bonheur des autres.

5. Consonances aiguës.

Les cris aigus de la rue excitent les enfants. Le bif-
teck était cru. Le canon possède une culasse bien for-
gée. Il introduit des sucreries dans les pâtisseries.
J'ai donné des poteries pour la loterie. Nous achève-
rons demain la broderie. Le prince est rempli d'amabilité. Le venin de la vipère. Rosalie se promène dans
la roseraie. L'étui contient mille épingles fines. Chacun juge opportun que le tribun s'agite. La baleine
se divise à l'infini. Le nid de ce canari sera vite fini.
Line est prise. La crise s'est terminée à midi dix.

6. Consonances moyennes.

Le ruisseau sursure dans la plaine. La peine est
salutaire aux rebelles. Noëlle et Noémie viennent de
Lyon et de Tulle, puis de Valenciennes avec Lucien;
ils iront ensuite à Pontoise. L'oie de Noël. Louis dit

oui. La mitaine de la vieille voisine sèche sur la fenêtre. La Galicie n'appartient plus aux Russes. Agathe, Aglaé et Françoise boivent du vin. Le biniou champêtre du vieil Augustin se mêle à la flûte du voisin au milieu du jardin. Luce a perdu son porte-monnaie de cuir fin.

7. Lecture sur les consonnes dures, douces ou glissantes.

Nous irons au bois tout à l'heure cueillir des fleurs. Il pleut sans cesse. René ronge ses poings de rage. André fait des folies, il casse ses jouets. Colette est capricieuse. On s'endort à la cuisine tant il y fait chaud. La cuisinière a fait un excellent dîner. La guerre est longue et terrible. Les Anglais ne sont pas assez forts; il leur faut cent mille hommes de plus et des munitions. Notre-Dame de Lorette était une fournaise. La confiture est douce. Les oranges sont sucrées. Les cerises sont aigres. La viande est dure au toucher. On boit du vin, de la bière, du cidre ou du lait.

8. Lecture d'ensemble de textes suivis pouvant servir pour l'épreuve intellectuelle.

Les civilisations grecque et romaine ont resplendi aux premiers âges de l'histoire. La décadence les a atteintes malgré ce qu'elles possédaient de puissance intellectuelle et de beauté artistique. Purement objectives, elles devaient fatalement s'affaiblir. Le Christianisme les a éliminées en surface ; le Modernisme les a resuscitées avec excès et plutôt dans ce qu'elles possédaient de mauvais. L'avenir leur donnera peut-être une juste place et une heureuse survie. Ce sera l'œuvre des vrais latins. Ainsi dominera une matérialité supérieure fondée sur les rapports exacts de la métaphysique et de la matière qui ne saurait se passer d'une morale, de la morale chrétienne. Le monde germanique n'atteindra pas cette perfection. Les affinités naturelles et historiques du peuple allemand, de même que ses facultés analytiques et psychologiques rivent celui-ci à une très grossière et littérale matérialité.

9. Mots groupés d'après le sens pouvant servir à l'épreuve de la mémoire et de l'orientation :

janvier	lundi	hebdomadaire
février	mardi	semestre
mars	mercredi	bi-mensuel
avril	jeudi	trimestriel
mai	vendredi	partiel
juin	samedi	lunaire
juillet	dimanche	astre
août	heure	constellation
septembre	jour	astronomie
octobre	semaine	éther
novembre	mois	atmosphérique
décembre	férié	baromètre

Planétaire. La grande Ourse. La petite Ourse. Jupiter. Les Gémeaux. La Terre. Les Étoiles. Castor et Pollux. Zodiaque, etc...

Médium. Médicament. Maladies. Remède. Conseil. Intervention. Guérison. Neurasthénie. Affaiblissement. Défaillance. Maux de tête. Vertige, etc...

10. Phrases spéciales.

Dans une grande gare du Gard, le garde garé les gars hagards. Paul pousse la porte par la poignée. La tourterelle se trouve sur le toit de la tuilerie. Les cris de colère de Colette et de Colas causent des désagréments. Le batelier bat l'eau avec sa rame qu'il manie du bout du bras.

Rire sur la rive réveille les riverains. Rose range les roses rouges de la roseraie, en riant. Etiennette se tient très bien. S'aventurer dans la savane sera sûrement s'exposer si les sauvages savaient découvrir notre retraite. Les guirlandes et une guitare font le bal. Le rat ronge le rang d'ognons suspendu à la poutre du grenier. Rira bien qui rira le dernier.

L'aéroplane britannique a effectué un vol héroïque au-dessus des organisations germaniques. Faut-il rire du pître s'il tire du fifre des vibrations à faire trembler les vitres !

 « La meule a grâce à toi de l'or sur sa capuche
  « Et sa petite sœur la ruche
  « A de l'or sur son capuchon. »

(Ed. ROSTAND).

Le verre gît cassé à terre. La pierre repose sur la terre. Le maire de Nanterre surveille ses administrés. Rimer des rimes ne rime à rien. Rentrons, roulons le baril au plus vite. René rit, remue, renverse le rôti arrosé de son jus. Traversons-nous la rivière en arrière de la barrière du rond-point?

La tasse se casse, on la ramasse.

Huche, ruche, bûche. La grive grise est prise dans la glu. Le bouquet baigne dans le baquet. Vous apercevez-vous de ce que je vous raconte? Gringoire ne veut pas croire que la poire soit dure. La robe de moire de Victoire s'usera dans l'armoire. On punira qui désobéira. En coupant les pivoines Antoine sème l'avoine.

L'aventure de Bonaventure est de nature à faire conclure à sa culpabilité. L'agilité et la gracilité du singe sont étonnantes. Sur la mare on amarre avec une barre un petit bateau. La fraise pèse, bien que petite. L'orfraie effraie. L'oie boit. Les ferrures de la serrure sont d'une ciselure fine. Le cuisinier cuisine son indolence, cause sa déshérence dont les conséquences sont loin d'être bienfaisantes. Une ceinture et les couvertures suffiront à guérir les courbatures. Le vent rabat les contrevents. Berthe s'amuse à manier le collier déposé en entier dans le panier. Tailler, cisailler et arroser, voilà le métier du jardinier. Souffrir, mourir, pourrir.

La ouate garnit toute la boîte. On a mis du riz frit. Le gondolier accentue le gondolement de la gondole. Dans l'intuition il faut faire de l'induction et de la déduction. Il faudra apporter une préparation soigneuse à l'amélioration des grandes agglomérations. Le pique-nique. Un pique-nique s'organise en forêt pour demain. Le nœud bleu. Ramer du bout de la rame et s'en aller à la dérive, c'est un des plaisirs du canotage. Scandale, sandale et Tantale. [Résumer ce que vous venez d'entendre sera un travail fastidieux. Gant taché, vilaine toilette. Chapeau de travers, vilaine tête. La beauté. A ôté. Le côté. Canoter en été. Une jolie clématite est enroulée autour de la tonnelle sous laquelle on joue à la boule ou au croquet. Le petit poulet piaule dans la cour. Minet, le chat, a tué la souris dans l'écurie. Le canari de Catherine crie. Le paon se perche sur le banc de temps en temps. L'oiseau roule sur le gazon, plus de chansons !

Les vitraux gisent sur le carreau de l'abside. On est

content lorsque le plat paraît pour le repas. Le gâteau de pommes que la bonne a préparé a été vite dégusté. On l'a sucré au préalable et très arrosé de bon rhum. En forgeant à la forge, Georges devient forgeron. Les gants et le ruban sont rangés dans l'armoire. Le député s'est disputé avec l'amputé, sans âpreté.

La sœur et le frère chantent un cantique candide. A la fenaison, la maison est remplie de chansons. Gros, gras, gris, le rat râcle le carton. La pavane et le menuet sont des danses désuètes. L'orage fait rage dans la grange. Le blé est rassemblé dans le grenier. Venez écouter Jeanne qui joue de l'harmonium dans la petite église romane du village.

Seulement. Réellement. L'engagement vous contraindra, vous obligera. L'île fertile de Lucile, voisine d'Odile, sera utile pour l'usine de la voisine. Rarement Armand ment. Suif, Juif, muid. Rarement, courageusement. Rageusement. Le maître a fait mettre le mètre sur la fenêtre pour connaître sa longueur. Coloriez le colombier que le plombier a recouvert. Suivant le contrevent du couvent le rat s'évade. Le papillon est un brouillon qui dérange les roses. Le matin l'air salin est plus sain. Nous oublions que nous venons de Lyon. Le Cardinal porte un camail. L'étoile a l'air d'être la lampe de la lune qui luit le soir. Le coq caquète coiffé de sa crête. La quête que la préfète a faite à la fête, l'a satisfaite.

Fin de drame.

11. Sons simples et composés.

La pluie vient de cesser. Autour de moi, tout a un aspect de désastre. L'eau ruisselle des arbres et rejoint, à jets encore pressés, les rigoles innombrables qui sillonnent la route et les flaques que le vent ride.

Le jeune feuillage lavé reluit, honteux et comme frileux, dans la lumière trop claire où voguent encore quelques nuages. Voyez comme mes pas effarouchent les nuées de moineaux transis. Leur vol papillonnant se reflète dans les flaques, et j'avance, dans l'illusion de me frayer mon chemin à travers un monde qu'angoisse un cataclysme.

Je hâte le pas. Les moineaux se bousculent et s'évadent promptement dans les buissons. Me voici à l'entrée du petit bois qui mène au village. Moins découvert, la vie s'y est réfugiée et des rumeurs l'agitent.

Près d'une touffe de menthe, largement arrosée, une coccinelle semble se hasarder ; elle entr'ouvre à demi ses élytres, hésite, recommence, et, enfin, retrouvant son courage, les éploie et s'élance semblant convier la nature à la paix et l'homme à l'espérance.

Après avoir pratiqué les divers exercices que nous donnons dans les pages précédentes, le sourd ou le lecteur pourra essayer la lecture libre suivant les capacités que le premier aura acquises.

Cette lecture pourra se faire dans un *MOUVEMENT PLUS NATUREL* en ménageant bien les arrêts, selon le sens et la ponctuation.

Autant que possible, *POSER LA VOIX, LIRE AVEC EXPRESSION et DÉCISION* ; mettre toujours en *VALEUR LES VOYELLES ET LES CONSONNES*.

La phrase doit être considérée comme une *GAMME DE SONS* qu'il faut s'attacher à émettre avec une certaine *CONTINUITÉ* et des *NUANCES exagérées*, afin de rendre perceptible les sons qui le sont naturellement peu.

Des *textes VERSIFIÉS*, des *PAGES de VIEUX FRANÇAIS*, ou de *Langue ÉTRANGÈRE*, serviront pour ces lectures.

Les chiffres sont proscrits de tout examen de l'audition parce que trop limités et trop connus. Ils peuvent prendre place dans les exercices oraux. Nous les avons pratiqués avec intérêt en les intercalant dans un texte très différent au milieu de phrases.

INDICATION DES LEÇONS

POUR CHAQUE SÉRIE D'EXERCICES

I

Epreuve.

1° Lecture alphabétique (7).

2° Voyelles, consonnes, diphtongues (1, 2, 3, 4, 5, 6).

3° Petites phrases (8), premiers essais rythmiques plutôt lents ou assez vite (bien lancer la voix).

4° Consonnes. Accentuer. Renforcer (9).

5° Essai de différenciation et d'entraînement (10), (rythme, mouvement).

6° Lecture d'ensemble. Accentuer. Rythmer (11).

II

Exercices méthodiques.

Différenciation.

1° Voyelles, diphtongues intercalées. Consonnes (1, 2, 3).

2° Vocalises des sons non perçus ou confus.

3° Consonnes, voyelles, sons (4, 5).

4° Isophones, isozonaux, *différenciation* (7, 8, 9).

5° Petites phrases, consonnes (6), (différenciation, ou essais d'entraînement).

6° Consonances (10).

7° Etude des sons non perçus ou confus (modèles 13, 14, 15).

8° Mots difficiles (11, 12).

9° Mots (17).

III

Lecture.

Entraînement.

1° Premières différenciations (rythme) (1).

2° Petite lecture d'ensemble (2).

3° Etudes fragmentaires, 3 zones (3, 4, 5, 6).

4° Epreuves intellectuelles et mentales (orientation) (9).

5° Etude (entraînement, accommodation) (8).

6° Phrases spéciales. *En prenant note des sons
ou mots non perçus ou confus et des distances* (10).

7° Sons simples et composés. Entraînement.
Accommodation. Rythmer (11).

JOURNAL DU SOURD-ÉLÈVE

Nous appelons ainsi le compte-rendu des manifestations auditives qui peuvent se produire chez le sourd en traitement, durant ses travaux de rééducation et au cours de la journée.

Le journal se composera donc d'un pointage de la perception durant tout exercice auditif pratiqué à demeure. Il sera fait aussitôt après l'exercice, afin d'éviter les erreurs de mémoire. Un examen attentif de ce pointage, par exemple tous les huit jours, puis tous les mois, permettra à l'intéressé d'établir une moyenne de son audibilité par le décompte de ce qu'il entend ou n'entend pas le plus fréquemment.

Ce décompte pourra entrer finalement dans une appréciation marquant un progrès, d'ailleurs établi par d'autres observations, dont il sera le sûr point d'appui.

Le journal contiendra en outre le récit, en quelques lignes, de la journée auditive, c'est-à-dire un résumé concernant l'état de la fonction, les principaux incidents auditifs, les remarques faites à ce sujet, etc..., de même que l'appréciation des progrès ou des vides persistants, des distances auxquelles sont entendus les divers éléments phonétiques, etc...

Le sourd doit s'attacher à voir nettement pour contrôler avec justesse et à présenter les faits sous la forme la plus exacte.

Pour cela, il doit conserver quelque liberté et ne pas s'absorber inutilement en lui-même.

Nous lui conseillons de vivre comme tout le monde, et simplement, le soir venu, de rédiger la page de son journal, en refléchissant un instant sur les événements du jour de sa vie auditive, en contrôlant ses impressions et ses souvenirs, afin de n'en dégager que le fait certain.

Exemple de pointage.

15 novembre 19..

Matin	Soir
Piano : Sons graves bien perçus : médium, conserve une certaine intensité ; quelques notes perçues à l'aigu.	Ronflement aux notes du grave, médium moins bien perçu.
	Travail plus pénible.
Parole : a, o, u, perçus, i, é, non perçus, b, d, confondus, l, m, p, perçus, r, t, s, q, non perçus.	— idem. —
Mots perçus : papa, tableau et gâteau ; non perçus : rose, roseraie, rareté, échelle, pelle.	Papa — entendu à deux mètres, côté droit. Impossible entendre : querelle.

Matin.	**Soir.**
Phrases perçues : la lune luit dans le ciel pur.	— Idem. —
Nénette a mangé le gâteau.	
non perçues : l'enfance est un heureux moment de l'existence.	Entendu en répétant : la tisane calme la toux.
La tisane calme la toux.	Prélat, non perçu. —
Le prélat est rempli d'amabilité.	Rempli : entendu : « ampli ».
	« amabilité », perçu.

Remarques.

Le matin, quelques déformations des sons ; entendu : « ore », pour Pierre — mare, pour « mère ».

Je ne puis absolument percevoir r, t, s, q ; ni rose, rareté, querelle. *Ou* et *u* ne sont souvent qu'un son vague.

EXEMPLE de RÉSUMÉ (Fragments)

Samedi 11 octobre 19... 1re séance : en sortant, je constate une différence à la voix des personnes qui m'accompagnent. J'entends un chien aboyer sous un porche, étant sur le trottoir.

12 octobre. Je constate une légère augmentation, tout au moins une différence à la voix des personnes qui m'entourent. J'entends un petit chien aboyer, derrière une porte fermée et près de laquelle je me tiens. Cela ne m'était jamais arrivé.

13 octobre. J'entends le bruit des voitures sur le pavé de bois.

22 octobre. Les bruits divers de la rue me frappent

dans l'ensemble de la rumeur. Je perçois la corne de l'auto, et, pour la première fois, la résonance grave de ce son.

. . . .

31 octobre. Je suis en progrès sensible.

2 novembre. Meilleure audition, moins de bourdonnements. J'entends bien les métros, les sifflets de partout.

Lecture du soir : mieux du côté droit. J'entends mal trois mots sur cinquante environ.

3 novembre. J'entends le tramway à environ 5 mètres derrière moi.

10 novembre. Je remarque de légers progrès constants après chaque séance. Cela ne me frappe pas dans l'ensemble de l'audition, dans les bruits, mais j'y suis sensible à la parole, en ce que j'entends davantage la voix et plus de mots, nettement, depuis le début du traitement. La fin de la semaine est marquée par un progrès plus sensible qui semble se prononcer après les repos des 1er et 2 novembre. Je remarque que le progrès plus accentué qui se manifeste tous les 4 ou 5 jours ne se maintient pas dans toute son intensité, mais la régression n'enlève rien au degré précédemment dépassé et s'arrête, au contraire, à une nouvelle normale qui peut se constater.

Lecture : bien, presque tous les mots, côté droit, et quelques phrases avec 1 à 2 erreurs. Côté gauche : bien, les mots . . . .

. . . .

30 novembre : J'entends nettement au jardin d'acclimatation les grognement des fauves dérangés dans leur repas ainsi que le bruit sec des os qu'ils broient.

J'entends nettement les bruits divers de la maison et de la rue.

Lecture excellente. J'entends une histoire, — côté droit, avec peu d'erreurs. Gauche : je commence à faire la conversation. J'ai pu jouer du piano ; j'ai distingué l'air aux notes élevées et presque l'air aussi, aux basses. Je n'ai entendu que des sons confus au médium.

En résumé, depuis le 19 novembre, il y a des éclaircies marquées et qui dominent, suivies d'ombres assez pénibles. Je prends l'habitude d'entendre mieux, je trouve pénible d'entendre moins, par moments. Malgré ces intermittences, je constate une tendance à plus de netteté, et à la régularité, du côté droit. Du coté gauche, la régularité qui existait à un faible degré, a fait place à des accès de netteté suivis de chutes complètes. L'oreille est très paresseuse au début. Elle se met cependant en train peu à peu, et j'arrive à entendre plusieurs phrases avec quelques erreurs. Etc...

CONCLUSION

La rééducation auditive marque un progrès très net dans le traitement de la surdité.

Le sourd peut maintenant être soigné comme tout malade chronique, et soulagé dans de notables proportions, surtout si sa cure est entreprise par un auriste spécialisé et s'il y participe lui-même avec assiduité et ténacité.

Le sourd abordera l'œuvre de rénovation auditive dans un esprit de confiance et de bonne volonté. Il doit s'armer d'autant d'énergie que de patience, de façon à prêter à l'anacousiste un concours attentif tout en pratiquant chez lui les exercices acoustiques : musicaux (au moyen du piano de préférence) et oraux (au moyen de la voix). Enfin, en s'attachant à une observation écrite, quotidienne, rédigée avec clarté et justesse.

Nous voudrions avoir fourni au sourd tous les éclaircissements nécessaires à cette collaboration étroite, méthodique, avec le médecin anacousiste et le lecteur auxiliaire, très précieux au cours de cette rééducation acoustique.

Un peu de lumière jaillira peut-être de ce livre si ceux qui s'en servent veulent bien nous communiquer leurs difficultés, leurs réflexions et surtout les améliorations qu'ils jugent utiles aux progrès de l'anacousie musicale et vocale.

Nous offrirons bientôt aux infirmes de l'ouïe une *Méthode acoustique, au piano*, qui pourra leur permettre de développer les connaissances acquises avec le *Guide acoustique* du présent ouvrage.

Peut-être pourrons-nous plus tard organiser un *Cours préparatoire et de démonstration* par lequel nous achéverions de mettre toute notre expérience au service de nos frères d'infortune.

M. LAUER,
9, rue de Tocqueville,
PARIS (17e).

TABLE DES MATIERES